中国近代新闻学名著系列丛书

芮必峰 ◎ 主编

科学的新闻学概论

—— 萨空了 ◎ 著 ——

中国传媒大学出版社
·北 京·

编 委 会

主　编　芮必峰

副主编　姜　红　刘　勇

编　委　贾　南　周　彤　张冰清　侯普曼

出版说明

本丛书整理再版了近代在中国用中文出版的经典新闻学著作，所涉及的图书既有专著、教材，也有译著，全面涵盖了新闻学理论、新闻业务、新闻史等领域，成书年份前后跨越40年。在这40年间，中国的新闻学科从无到有、从借鉴到创新，成就巨大。对这些著作的再次出版，为研究中国近代新闻学提供了珍贵的史料，绘制了中国近代新闻学的全景，度量了中国近代新闻学的厚度，填补了该领域空白，也为纪念中国新闻学诞生100周年献上了一份厚礼。

我们请中国人民大学新闻学院教授、博士生导师，广西大学新闻传播学院院长，教育部社会科学委员会委员兼新闻传播学科召集人郑保卫，及中国传媒大学传播研究院院长、教授、博士生导师，中央实施马克思主义理论研究和建设工程新闻学首席专家雷跃捷对本丛书的内容进行了审定，并根据专家的意见进行了修改。在此对两位专家所付出的辛勤劳动表示衷心感谢。

由于历史原因，本丛书中的个别图书存在一些问题，为保存历史原貌，为研究者提供一手的参考资料，影印时均基本保持其原貌，未作大的删改，希望读者结合当时的历史条件和历史环境，对其中的观点进行批判性借鉴。原书中存在一些错别字、漏字和排版错误，我们在影印时均未做改动，敬请读者注意。

由于原书出版年代久远，本丛书中的许多书籍难觅其踪，存世数量稀少，版权状况极其复杂。为了保证本丛书的学术性和完整性，我们将具有价值的图书先行选入其中，进行了抢救性发掘，力图保存中国新闻史珍贵的历史资料。版权所有人若有异议，请及时与我们联系。

为更好地体现中国近代新闻学的发展脉络，本丛书特别收录了欧美学者休曼的《实用新闻学》、斯蒂德的《新闻学的理论与实际》；日本学者松本君平的《新闻学》、后藤武男的《新闻纸研究》、杉村广太郎的《新闻概论》。当年这些书的出版对中国近代新闻学具有一定的借鉴意义。

本丛书为影印制作，成书清晰度由原书决定，由于出版年代久远，受当时生产力水平及制作方法限制，难免会存在一些缺陷，敬请读者谅解。

中国传媒大学出版社

总　序

如果从1903年商务印书馆编译出版日本人松本君平的《新闻学》算起，中国的新闻学已有115年历史①。如果从1918年北大新闻研究会建立，徐宝璜开办新闻学讲座算起，中国新闻学教育和研究迄今正好100年历史。我们搜集整理了清末至民国期间一些有代表性的新闻学书籍，希望借此重现早期中国近代新闻学的本来面貌，反映我国新闻学发展的历史脉络，我们认为，这对中国新闻学术、教育史研究以及中国近现代思想史研究都是很有意义的。

从1903年到1949年9月的40多年间，我国公开出版和内部印行的新闻学书籍，包括专著、教材、论文集、资料汇编、参考工具书等，约468种之多。②它们集中反映了我国新闻学的历史发展轨迹。然而，由于多种原因，这些书籍除了几本曾被重印出版外，大多已经是“只闻其名、难觅其踪”，这对我国新闻学研究不能不说是一个遗憾。

本丛书在梳理1903—1949年间出版的有代表性的新闻学书籍的基础上，精选了50部著作，校订注释，编纂再版，也算对这一遗憾的弥补。

从我们挑选的这50部新闻学书籍来看，中国早期新闻学的发展有三个鲜明的特点：

一、中国早期新闻学的发展与中国社会发展，尤其与国家民族利益息息相关

40多年间，中国新闻学从近乎空白到勃然而兴，这与中国社会的动荡、变

---

① 黄天鹏回顾新闻运动时说：“有清光绪二十八年，商务印书馆刊行《新闻学》一书，为我国人知有新闻学之始，原书为日人松本君平所著……”资料来源：黄天鹏．新闻运动之回顾［A］．黄天鹏．新闻学名论集［C］．上海：上海联合书店，1929．

② 林德海，等．中国新闻学书目大全1903—1987［M］．北京：新华出版社，1989．

革休戚相关。西方新闻学是现代化的产物，最早形成于19世纪末20世纪初。1901年，“新闻学”一词首见于中文报章①，但直到民国前夕，国人对于“新闻有学乎”尚存疑，认为报社就是新闻人才的“养成所”。至1912年上海报业俱进会以“吾国报业之不发达……其最大原因，则为无专门之人才”②为由，号召组织报业学堂，培养报业专门人才。不难看出，此时新闻界亦将新闻学视为办报之“技”。至1918年邵飘萍为徐宝璜《新闻学》作序仍“窃叹我国新闻界人才之寥落，良由无人以新闻为一学科而研究之者”③。黄天鹏把1903年至1918年新闻学研究会建立之前的十余年视为中国新闻学的启蒙期。④

1918年，随着以启蒙为目标的新文化运动愈演愈烈，新思潮涌入国门，“新学”“西学”站在旧传统的对立面被学界关注，新闻学思想也不例外。作为公学之首和新文化运动中心的北京大学率先开办新闻学研究会，力证了“新闻学”存在的正当性；徐宝璜《新闻学》一书问世，成为中国新闻学理论的奠基之作。新闻学教育兴起，新闻学研究著作渐盛，待到北伐前夕，中国新闻学从学理上和实践上俱已建立起来。

新文化运动后期，马克思主义传入中国，资本主义文明逐渐“祛魅”。之后的大萧条使得西方国家的痼疾暴露无遗，曾经“理想之彼方”的西方报业也难以幸免。在这一时代背景下，如何建立“吾国之报业”成为新闻学研究的热点，围绕这一热点，一方面，关于中外新闻理论、新闻事业、新闻业务的著作日益涌现；另一方面，军阀对于激进言论的暴力摧残，又引发了新闻人对于言论自由的论争。20世纪20年代的中国新闻学呈现百家争鸣之势。

“在这言论自由纷争之际，也有若干论调，认为新闻纸不过是一种政治宣传的工具，在新闻学方面也唱过所谓社会主义的新闻理论，不过这种论调没有完成，当头的国难已把这种理论粉碎。”⑤“九一八”事变后，面对空前的民族危机，“国家至上、民族至上”成为国论，报业成为勾连与动员社会的渠道和网络，

---

① 梁启超．本馆第一百册祝辞并论报馆之责任及本馆之经历［J］．清议报，1901（100）：1-8．

② 戈公振．中国报学史［M］．上海：上海书店，1989：278．

③ 徐宝璜．新闻学［M］．长春：时代文艺出版社，2009：7．

④ 黄天鹏．四十年来中国新闻学之演进［M］//龙伟，任羽中，王晓安，何林，吴浩．民国新闻教育史料选辑．北京：北京大学出版社，2010：149．（以下征引本书时，一律简注为《民国新闻教育史料选辑》。）黄天鹏在此文中提出他对于1903年到战事结束的40余年间中国新闻学发展阶段的划分，原载《中国新闻学会年刊》第1期，1942年9月。

⑤ 黄天鹏．四十年来中国新闻学之演进［M］//民国新闻教育史料选辑．北京：北京大学出版社，2010：161．

致力于推动“舆论统一”。直到全面抗战中期之前，以战争宣传动员为主要研究目标的“战时新闻学”都是新闻学研究的热点。

1943—1949年中华人民共和国成立前夕，随着战争形势的转变，抗日战争已现胜利的曙光，中国新闻学人开始构想新闻业的未来。萨空了①于1943年开始着手书写《科学的新闻学概论》，旨在提醒新闻人应“鉴于美英的前车”②，避免报纸“为大财阀资本家所独占”③，“积极地设法使报纸成为大多数民众自己的相互报道消息、提供意见的工具”④。

二、中国新闻学是“西学东渐”的产物，中国早期新闻学人大多具备西学背景

“西学东渐”的内在精神是中体西用。在“用”的招牌下，西学大量涌入。中国新闻学直接引自日本和美国。首先，中国最早的新闻学译著分别为1903年商务印书馆编辑出版的松本君平的《新闻学》和1913年美国记者休曼著、史青编译的《实用新闻学》。前者成为中国新闻学的开端，而后者作为美国第一本新闻教育著作，“提供采访编辑各种实际问题的解决方案”⑤，也奠定了中国新闻人对于新闻教育之作用的基本构想。

早期中国新闻学人大多具备留美留日的求学背景。徐宝璜曾于美国密歇根大学修习经济学与新闻学，其《新闻学》（1919）的参考文献包括在美国出版的图书23种、在英国出版的图书7种，印证了时任北大校长蔡元培所言，“新闻学之取资，以美为最便矣”⑥。任白涛求学日本早稻田大学政治经济学系时，加入了《朝日新闻》名记者杉村楚人冠等筹建的“大日本新闻学会”⑦，《应用新闻学》

① 萨空了（1907—1988）四川成都人，蒙古族，笔名了了、艾秋飚，记者、主编、新闻学家。1927年任《北京晚报》《世界日报》编辑记者、《世界画报》总编辑。曾任教民国学院新闻系、北京新闻专科学校。1935年任上海《立报》副刊主编、总编辑兼经理。中华人民共和国成立后任中央人民政府新闻总署副署长兼新闻摄影局局长、出版总署副署长、全国政协副秘书长兼《人民政协报》总编辑等职。负责主编《中国大百科全书·新闻出版》卷，著有《科学的新闻学概论》《科学的艺术概论》《宣传心理研究》等。

② 萨空了．科学的新闻学概论［M］．香港：文化供应社，1946：36.

③ 萨空了．科学的新闻学概论［M］．香港：文化供应社，1946：36.

④ 萨空了．科学的新闻学概论［M］．香港：文化供应社，1946：36.

⑤ 黄天鹏．四十年来中国新闻学之演进［M］//龙伟，任羽中，王晓安，何林，吴浩．民国新闻教育史料选辑，北京：北京大学出版社，2010：157.

⑥ 邓绍根．中国新闻学的筚路蓝缕：北京大学新闻学研究会［M］．北京：清华大学出版社，2015：228.

⑦ 1915年《朝日新闻》的杉村楚人冠等在庆应义塾大学创办“新闻研究会”并讲授课程，后根据该讲义出版了《最近新闻纸学》（1918）。其时，杉村楚人冠还兼任“大日本新闻学会”的筹建者与学会新闻讲座讲师。

（1922）正是仿照杉村楚人冠《最近新闻纸学》一书体例所做。[1]邵飘萍的《实际应用新闻学》（1923）亦参考了《最近新闻纸学》。[2]杉村楚人冠深受美、德新闻思想熏陶，美、日、德的新闻思想因故才传到中国。

事实上，正是留美、留日学生群体的新闻学著述构建起了中国早期新闻学的基本框架。仅本丛书所涉国内著（编）者30人中，剔除资料不详者3人，有留学经历者共计15人。其中留美5人：徐宝璜、伍超、赵敏恒[3]、戈公振[4]、曹用先[5]；留日8人：吴定九[6]、邵飘萍、黄天鹏、任白涛、张友渔[7]、谢六逸、袁殊[8]、王文萱[9]；

① 周光明. 近代新闻史论稿［M］. 北京：社会科学文献出版社，2014：276.

② 方晓红. 中国新闻简史［M］. 南京：南京师范大学出版社，1996：122.

③ 赵敏恒（1904—1961），记者、新闻学教授。早年就读于清华大学，1923年起先后于美国科罗拉多大学文学院、密苏里大学新闻学院、哥伦比亚大学新闻学院攻读英国文学和新闻学，并获新闻学硕士学位。1925年起在纽约环球通讯社当编辑。1927年回国，在国民政府外交部情报处短暂工作后加入路透社。1945年10月任《新闻报》总编，兼任复旦大学新闻学教授。

④ 留学两个及两个以上国家的，按其留学的第一个国家计。

⑤ 曹用先，女，宁波人，天津南开大学社会科毕业。1926年与未婚夫查良鉴自南开大学毕业后，同赴密歇根大学留学，1930年在该校安娜堡完婚。硕士毕业后回国，曾就职于上海商务印书馆编辑所并任教于大夏大学，1949年与查赴台，1951年4月病逝于台湾。

⑥ 吴定九（1890—1930），名鼎，字定九，嘉定人。著名报人，《京报》元勋之一，著有《新闻事业经营法》。公派赴日本名古屋学习土木工程时，与在东京政法学校读书的邵飘萍成为密友。1923年9月，私立北京平民大学设立报学系，时任京报社经理的吴定九担任教授并讲授专业课程“新闻经营法”。

⑦ 张友渔（1898—1992），原名张象鼎，字友彝，又名张忧虞，山西灵石人。法学家、政治学家、新闻学家。先后求学于山西第一师范学校，国立北平法政大学法律系。1927年任《国民晚报》社长兼总编辑。同年加入中国共产党，任中共北平市委委员兼秘书长。1930年赴日留学。“九一八”事变后回国任《世界日报》主笔及燕京大学、中国大学、民国大学、中法大学、北平大学法商学院教授，讲授宪法学、劳动法学、新闻学和日本问题。1943年起在重庆任中共南方局文委秘书长、《新华日报》社论委员会委员、中共重庆工作委员会候补委员兼政策研究室副主任、《新华日报》代总编辑等职。

⑧ 袁殊（1911—1987），中共谍报人员、记者、新闻学者。早年赴日攻读新闻学、东洋史。曾创办上海自修大学并设新闻专科。1931年3月创办的《文艺新闻》，最早揭露了左联五烈士被害的消息。1932年任新声通讯社记者，经潘汉年引介加入共产党。1942年卧底敌伪报纸《新中国报》，1945年10月转移到苏北解放区；1949年调入中央情报部门。著《记者道》《学校新闻讲话》《新闻大王赫斯特》等书；译《新闻法制论》等。

⑨ 王文萱，曾留学日本，1930年5月翻译杉村广太郎的《新闻概论》。1942年国立社会教育学院新闻系成立，王文萱在该系教授新闻业务课程。1947年年初，李宗仁授意萧一山在北平创办《经世日报》作为喉舌，任命王文萱、蓝文澄两位教授为主笔。

旅欧2人为胡愈之和储玉坤[①]（详情见表）。这些涉足新闻学研究的归国留学生兼容并蓄，汲取美、日、德等国新闻理论和马克思主义新闻思想的精华，进行本土化改良，亦从侧面反映出中国新闻学的理论来源。

三、中国早期新闻学人往往兼新闻实践、新闻教育、新闻研究于一身

1918年，北京大学新闻学研究会成立，徐宝璜负责讲授新闻学知识。他结合自身从业经验，参考欧美新闻学书目，形成课程讲义；再结合讲课心得，不断完善新闻学理论。1919年，国人自撰的第一本新闻学专著《新闻学》最终成书。徐在自序中细陈写书修书之过程："新闻学乃近世青年学问之一种，尚在发育时期。余对于斯学，虽曾稍事涉猎，然并无系统之研究。客岁蔡校长设立新闻学研究会，命余主任其事，并兼任导师。余乃于暑假中，正式加以研究，就所得著《新闻学大意》一篇，以为开会后讲演之用。……开会后，余继续研究，加以会员之质疑问难，时有心得，遂将原稿加以修改，成第二次之稿……"[②]显然，"曾稍事涉猎"指其曾经担任《晨报》主笔的工作经历。早期中国新闻学人兼具从业经验和新闻学教学经验者多会总结实践经验、丰富新闻理论、著书立说、传道授业，这种情况并不鲜见。

从早期新闻学著作的作者（编者）身份来看：本丛书涉及国内著（编）者30人，除李公凡、刘元钊和鲁风三人身份不详，仅蒋国珍[③]、项士元[④]二人没有明确的新闻从业经验。而在这25人中，更有20人兼具从业经历与从教经历。新闻学人大多具有新闻从业经历，学术研究、传承活动与新闻实践密不可分（详

① 储玉坤，1912年生，江苏宜兴人，笔名雨君、储华。1937年中央政治学校大学部新闻学及国际政治专业毕业。1938年1月任《文汇报》编辑兼社论撰述者；1938年5月担任《文汇报》法国哈瓦斯分社编辑；抗战胜利后，任《文汇报》总主笔。1946年5月转任《申报》主笔和法国新闻社远东分社中文部主任，兼任中国新闻专科学校教务长和沪江大学新闻系教授。著有《现代新闻学概论》《第二次世界大战史》《美国经济》。

② 邓绍根，中国新闻学的筚路蓝缕［M］. 北京：清华大学出版社，2015：244.

③ 蒋国珍出生于1896年，江苏溧阳人，做过学生运动领袖、国民党党员、教育工作者、政府职员、银行经理。曾加入上海学生运动，代表上海全国各界联合会、全国学生联合会、上海各界联合会、学生联合会四团体发声。虞文俊认为其传世的《中国新闻发达史》翻译自日本人伊藤武雄的《中国新闻发达史》，即蒋国珍应为此书的译者而非著者。

④ 项士元（1887—1959），佛教居士、学者。原名元勋，号慈圆，又号石槎。浙江临海人，通日、英、德、梵、俄文，一生佛学著作等身。25岁毕业于杭州府中学堂，后办私立小学和赤城初级师范，兼任各校教师；捐资并赠书创办了临海图书馆。项士元长期辗转江浙等地从事教育、新闻和史志方面的研究工作。中华人民共和国成立后主持台州文管会，任浙江省文史馆馆员。所著《浙江新闻史》是中国最早的新闻史之一。

见表1[①])。

从新闻学著作本身来看，许多民国新闻学书籍正是新闻实践和新闻教育的直接产物：国人自撰的第一部新闻采访学专著——《实际应用新闻学》根据邵飘萍在北京大学新闻学研究会和平民大学新闻系的讲稿所著，《新闻学总论》一书则根据邵氏国立政法大学的新闻学讲义整理而成；周孝庵[②]根据自己在复旦大学的新闻学讲义编著了《最新实验新闻学》；郭步陶[③]的《本国新闻事业》是上海市私立申报新闻函授学校讲义之十一；而《新闻学的基础知识》本就是中美日报读讯会[④]为新闻学自修者所出版的教材《实用新闻学讲义》之一；储玉坤的《现代新闻学概论》则是专门为大学新闻理论教科书而编写的（详见表2）。

正是由于早期新闻学人兼新闻实践、新闻教育、新闻研究于一身，才能为理论教学与著述提供最鲜活的案例，促使新闻实践经验迅速融入新闻学理论研究。这是近代中国新闻学迅速发展的重要因素，对于当今的新闻学研究、新闻学教育工作也有重要启示。

本丛书编委会邀请相关领域资深专家进行研讨，认真甄选了书目，仔细进行了版本比较和甄别，从而保证了本丛书较高的学术权威性。

由于历史的局限，民国新闻学书籍的不足是明显的，如学术理论不成熟、部分话语和话题打上了深深的时代烙印等；又因书中涉及的新闻稿件写作于特定历史环境和历史年代，其表达方式不严谨亦不可避免。盖所选书目皆是历史文献，我们在审校中尽量保持其历史原貌，不做大的删改；对极个别对马克思

---

① 李秀云. 留学生与中国新闻学［M］. 天津：南开大学出版社，2009：239-251. 本书中李秀云整理了民国期间从事新闻学研究的留学生44人，并分析其留学国别构成、专业构成、新闻实践经历、从教经历等。

② 周孝庵（1900—1973），佛教学者、律师、报人。松江府人。毕业于江苏省立第一商业学校。历任上海时事新报馆记者、编辑、主编，著《最新实验新闻学》。1928年秋被复旦大学聘为新闻学教授。曾于上海法政大学获法学学士学位，1930年兼律师。1932年主编上海《新闻报》“法律质疑”栏目、编著了《法律质疑汇编》。上海沦陷后，曾氏关闭了律师事务所，潜心佛学研究。

③ 郭步陶（1879—1962），原名成爽，后改名惜，字步陶。四川隆昌人。名记者、新闻研究者。1911—1917年任《申报》编辑，1917年任《新闻报》编辑主任、主笔。1930年任教于复旦大学新闻系。上海沦陷后赴香港，任职于《申报》（香港）、《星岛日报》；1939年创建中国新闻学院（香港）并任院长。抗战胜利后回沪任教于复旦大学、新中国学院。

④《中美日报》是“孤岛”时期的国民党报纸，为躲避日伪新闻检查，在美商罗斯福出版公司招牌下运作，副刊有《集纳》《堡垒》等。1938年11月创刊，1941年12月停刊，1945年8月复刊，次年4月终刊。总编先后为杨勋民、查修、詹文浒，总主笔周宪文，执笔者有储玉坤、章丹枫等。胡道静曾任英文编辑。报社读讯会为自修新闻学的读者出版了《实用新闻学讲义》，共计10种，对编辑术、采访术、评论作法、新闻写作、新闻学史、剪报工作等都有专篇论述。

主义、共产党等的不适当叙述已进行了删除处理。

本丛书规模较大，从策划项目、搜集资料、校订编纂到审稿成书，历时两年有余。这50本书可能并非本本经典，其中有些内容亦有重复、雷同之处，但瑕不掩瑜，它们对于研究中国新闻学功不可没，作为新闻史资料极具研究价值。感谢中国传媒大学出版社和安徽大学新闻传播学院诸位老师的辛勤付出，也希望读者在本丛书中能读出更丰富的内容，获得启发并更深入地思考。

丛书主编　芮必峰

2018年5月7日

附表：

表1　著者受教育、从业、从教及著述情况列表

序号	姓名	是否留学及留学国家	从业经历	从教经历	著作
1	徐宝璜	美国密歇根大学，经济学、新闻学	北京《晨报》主笔	北京大学新闻学研究会、北京平民大学新闻系	《新闻学》《新闻事业》
2	戈公振	1927年赴美国、日本考察新闻事业	首创《图画时报》、“上海新闻记者联合会”会长、《申报》总管理处设计处主任兼《申报星期画刊》主编	上海南方大学新闻系、上海国民大学新闻系、复旦大学新闻系、上海沪江大学商学院、上海民治新闻学院	《新闻学撮要》《中国报学史》《新闻学》
3	邵飘萍	东京政法学校	《汉民日报》主编、《时事新报》《申报》《时报》主笔、创办“北京新闻编译社”、《京报》社长	北京大学新闻学研究会、北京平民大学新闻系、国立法政大学	《实际应用新闻学》《新闻学总论》
4	吴定九	日本名古屋工业专门学校土木工程	主持《京报》	北京平民大学新闻系、国立法政大学	《新闻事业经营法》
5	谢六逸	日本早稻田大学东洋文学史	《立报》文艺副刊《言林》主编、《国民周刊》《趣味》周刊主编	复旦大学新闻系、申报新闻函授学校、国立社会教育学院新闻系、暨南大学新闻系、大夏大学新闻系	《实用新闻学》《国外新闻事业》《新闻储藏研究》
6	黄天鹏	日本早稻田大学新闻系硕士	在北平创刊《新闻学刊》并担任主编	复旦大学新闻系、上海沪江大学商学院新闻学科	《新闻文学概论》《中国新闻事业》《新闻学入门》《新闻学概要》
7	赵敏恒	美国科罗拉多大学文学院、密苏里大学新闻学院、哥伦比亚大学新闻学院攻读英国文学和新闻学，并获新闻学硕士学位	纽约环球通讯社编辑，后加入路透社。“九一八”事变后为美国国际新闻社、伦敦《每日电讯报》《朝日新闻》等供稿。1945年10月任《新闻报》总编辑	复旦大学新闻系、中央政治学校新闻系、暨南大学新闻系	《外人在华的新闻事业》

续表

序号	姓名	是否留学及留学国家	从业经历	从教经历	著作
8	周孝庵	无	历任上海时事新报馆记者、编辑、主编；主编《上海新闻报》“法律质疑”栏目	复旦大学新闻系、新闻大学函授科	《最新实验新闻学》
9	张友渔	1930年、1932年、1935年多次赴日学习新闻学、考察日本新闻事业	《世界日报》编辑、《大同晚报》总编辑、《国民晚报》社长、《泰晤士报》总编辑、《新华日报》社论委员	燕京大学新闻系、北平民国学院新闻系	《新闻之理论与现象》《日本新闻发达史》
10	袁殊	日本新闻专科学校、早稻田大学历史系	创办《文艺新闻》《译报》、新声通讯社记者	上海自修大学新闻专科	《记者道》《学校新闻讲话》《新闻大王赫斯特》《新闻法制论》（译）
11	胡愈之	1928年法国巴黎大学攻读国际法	《东方杂志》编辑、创办《公理日报》、哈瓦斯通讯社远东分社中文部编辑主任、主编新加坡《南洋商报》		《胡愈之出版文集》
12	储玉坤	留法	《新闻报》编辑、《文汇报》编辑、法国哈瓦斯通讯社中国分社编辑、《文汇报》总主笔、《申报》主笔、法国新闻社远东分社中文部主任	中国新闻专科学校、沪江大学新闻系、之江大学新闻系、致用大学新闻学系	《现代新闻学概论》
13	任白涛	日本早稻田大学政治经济学	创办中国新闻学社、《新湖北日报》总编辑		《应用新闻学》《综合新闻学》
14	曹用先	美国密歇根大学①	上海商务印书馆编辑所②	大夏大学③	《新闻学》

① 毛彦文．往事［M］．北京：商务印书馆，2012：28．

② 雪林．一段值得介绍的婚姻（红藏·生活·第四卷第三十八期）［M］．湘潭：湘潭大学出版社，2014：435-437．

③ 毛彦文．往事［M］．北京：商务印书馆，2012：28．

续表

序号	姓名	是否留学及留学国家	从业经历	从教经历	著作
15	王文萱	留日[①]	《经世日报》[②]	国立社会教育学院新闻系[③]	《新闻概论》（译）
16	伍超	留美“攻读新闻科”[④]			《新闻学大纲》
17	郭步陶	无	《申报》编辑、《新闻报》编辑主任兼主笔、《申报》（香港）、《星岛日报》编辑	复旦大学新闻系、《申报》新闻函授学校、中国新闻学院（香港）、新中国学院	《本国新闻事业》
18	任毕明[⑤]	无	《民国日报》《时报》《快报》主笔、《大众日报》总编辑	香港中华新闻学院	《战时新闻学》《评论学十讲》
19	赵君豪[⑥]	无	《申报》副总编辑	上海商学院新闻专修科、复旦大学新闻系、上海法政学院新闻专修科	《中国近代之报业》《上海报人的奋斗》

① 杉村广太郎. 新闻概论·黄序［M］. 王文萱，译. 上海：联合书店，1930.

② 冯国定. 忆萧一山先生［M］//中国人民政治协商会议北京市委员会文史资料研究委员会文史资料选编（第43辑），北京：北京出版社，1992：104.

③ 苏州大学社会教育学院. 峥嵘岁月（第二集）［M］. 北京、上海、南京、苏州校会. 1991：229.

④ 伍超. 新闻学大纲·自序［M］. 上海：商务印书馆，1925.

⑤ 任毕明，原名任大任，生于1904年，广东鹤山人。1925年在广西梧州创办《民国日报》，曾任《时报》《快报》主笔，主持过香港的《大众日报》。参与创办香港中华新闻学院，并任教。著作有《龙虎集》《风云集》《社会大学》《新社会大学》《战时新闻学》和《评论学十讲》等。

⑥ 赵君豪（1900—？）江苏兴化人。报人。“五四时期”求学于上海交通大学，经常给著名的《民国日报》副刊《觉悟》投稿，并与时任《觉悟》编辑的邵力子讨论种种社会改造问题。毕业后进入《申报》馆工作，抗战后任《申报》副总编辑。1929、1942年两度兼任复旦大学新闻系编辑教授；1930年兼任上海法政学院新闻专修科教授，讲授采访学；曾任《申报》新闻函授学校教授。1944年10月在重庆出版《上海报人的奋斗》。

续表

序号	姓名	是否留学及留学国家	从业经历	从教经历	著作
20	杜绍文①	无	杭州《民国日报》国际版编辑、《东南日报》《前线日报》主笔兼《新闻战线》周刊主编、《东南日报》总编辑、《文汇报》办公室主任	复旦大学新闻系	《新闻政策》《中国报人之路》《战时报学讲话》《国际新闻纵横谈》
21	胡道静②	无	《万有文库》编辑、上海通志馆编修、《通报》《中美日报》《大晚报》等报记者、编辑、撰稿人	上海法政学院新闻专修科	《上海新闻事业之史的发展》
22	张静庐	无	创办上海杂志公司并出任总经理		《中国的新闻记者与新闻纸》《中国近代出版史料》《中国现代出版史料》《中国出版史料》《在出版界二十年》
23	萨空了	无	《北京晚报》编辑记者、《世界日报》画刊编辑、《世界画报》总编辑、天津《大公报》艺术半月刊主编	民国学院新闻系、北京新闻专科学校	《科学的新闻学概论》

① 杜绍文（1909—？），又名杜超彬，广东澄海人。1927年入复旦大学中文学新闻组学习，1931年留校助教。后任杭州《民国日报》国际版编辑、资料室主任、浙江《东南日报》主笔。抗战期间主编浙江战时新闻学会会刊《战时记者》月刊，《国民日报》总编辑、社长；抗战胜利后任上海《前线日报》主笔兼《新闻战线》周刊主编。1946年至1951年间任复旦大学新闻系教授，1952年任上海《文汇报》记者、编委办公室主任。著有《新闻政策》《中国报人之路》《战时报学讲话》《国际新闻纵横谈》。

② 胡道静（1913—2003），安徽泾县人。1931年毕业于上海持志大学国语系。曾参加《万有文库》编辑和上海通志馆编修工作。"孤岛"时期坚守上海新闻界抗日宣传工作，任《通报》《中美日报》《大晚报》《密勒氏评论报》记者、编辑、撰稿人，同时在上海法政学院新闻专修科讲授新闻史课程，为共产党的抗日宣传培养新闻干部。1949年后历任中华书局上海编辑所编辑、上海人民出版社编审等。

续表

序号	姓名	是否留学及留学国家	从业经历	从教经历	著作
24	管照微①		复旦大学校刊编辑、1931年兼任上海新闻社记者	兰州大学经济系	编《新闻学论集》
25	项士元				
26	蒋国珍	疑为《中国新闻发达史》的译者而非著者②			
28	李公凡	不详			
27	鲁风	不详			
28	刘元钊	不详			

① 管照微，高中就读于上海立达学园，曾与王济深、刘仲达、唐旭之等先后组织了“时潮社”和“立达剧团”。后进入复旦大学新闻系学习，与伍梦窗、林楚君、向浦、徐之津等加入了复旦大学“左联”，并负责复旦大学的校刊编辑工作。1933年12月21日因宣传左翼思想被捕，后任教于兰州大学经济系。

② 虞文俊是东亚中国新闻史研究第一人。《中国新闻发达史》译者蒋国珍初考［J］. 新闻界，2015（15）.

表2　书目

序号	年份	书名	作者	备注
1	1903	新闻学	〔日〕松本君平 著	
2	1913	实用新闻学	〔美〕休曼著 史青译	
3	1919.12	新闻学	徐宝璜① 著	北京大学 新闻研究会讲稿
4	1922.11	应用新闻学	任白涛② 著	
5	1923.8	实际应用新闻学	邵振青 著	北京平民大学、 国立法政大学讲义
6	1924.4	新闻事业	徐宝璜 胡愈之 著	
7	1924.6	新闻学总论	邵飘萍 著	
8	1925.1	新闻学大纲	伍超 著	
9	1925.2	新闻学撮要	戈公振③ 编	
10	1927.9	中国新闻发达史	蒋国珍 著	
11	1927.11	中国报学史	戈公振 著	
12	1928.9	中国的新闻纸	张静庐 著	
13	1928.11	最新实验新闻学（上）	周孝庵 著	复旦大学新闻系
14	1928.11	最新实验新闻学（下）	周孝庵 著	复旦大学新闻系
15	1930.4	新闻事业经营法	吴定九 著	
16	1930.5	新闻概论	〔日〕杉村广太郎 著 王文萱 译	

① 徐宝璜，中国新闻学者、新闻教育家。1912年毕业于北京大学，后公费留美，于密歇根大学攻读经济学、新闻学。徐宝璜在美国密苏里大学受过系统的新闻学教育。

② 任白涛，笔名冷公、一碧，河南南阳人。1911年辛亥革命后，先后担任上海《民立报》《神州日报》《新闻报》驻河南特约通讯员，参加当地反袁活动。1916年留学日本，在早稻田大学攻读政治经济学，并加入了大日本新闻学会。

③ 戈公振所著的《中国报学史》最早由上海商务印书馆出版，是研究新闻学和我国新闻事业发展史的开山之作，国内外新闻界将之誉为中国首部新闻史学权威著作。任教上海国民大学期间，戈公振开始着手《中国报学史》一书的写作。在从事新闻工作之余，戈公振致力于新闻教育事业和新闻学研究工作，曾在上海国民大学、南方大学、大夏大学、复旦大学等校新闻系和杭州暑假报学讲习所讲授新闻学方面的课程，在新闻学研究上留下了许多著述。

续表

序号	年份	书名	作者	备注
17	1930.8	中国新闻事业（上）	黄天鹏① 著	
18	1930.8	中国新闻事业（下）	黄天鹏 著	
19	1930.8	新闻纸研究	〔日〕后藤武男 著 俞康德 译述	
20	1930.9	浙江新闻史（上）	项士元 编	
21	1930.9	浙江新闻史（下）	项士元 编	
22	1932.7	学校新闻讲话	袁殊 著	
23	1932.8	外人在华的新闻事业	赵敏恒 著	
24	1933.4	新闻学入门	黄天鹏 著	
25	1933.10	新闻学论集	管照微 编	复旦新闻学会丛书
26	1935	实用新闻学（上）	谢六逸② 编	申报新闻函授学校讲义之三
27	1935	实用新闻学（下）	谢六逸 编	申报新闻函授学校讲义之三
28	1934.1	新闻学	曹用先	
29	1934.2	新闻学概要	黄天鹏 编	复旦大学讲义、上海沪江大学新闻学专修科
30	1935	上海新闻事业之史的发展	胡道静 著	
31	1936.5	新闻学讲话	刘元钊 编著	

① 黄天鹏，字天鹏，别号天庐。1927年1月，他创办了我国首个新闻学刊（1929年扩改为《报学月刊》）并任主编；他是我国新闻学术史上最早研究新闻学之产生及发展史的学者，是我国具有新闻学术史观的第一人。他于1923年就读于北京平民大学报学系，1929年留学日本,修业新研究所,旋入早稻田大学新闻系。归国后出版了《新闻文学概论》《中国新闻事业》《新闻学入门》《新闻学概要》等十余本新闻学专著。

② 谢六逸，中国现代新闻教育事业的奠基者之一。著名的作家、翻译家、教授。1917年以公费生身份赴日就读于早稻田大学。1922年毕业归国，入商务印书馆工作。后历任神州女校教务主任及暨南大学、复旦大学、大夏大学教授。1930年任复旦大学中文系主任，并创设了后来闻名海内外的复旦大学新闻系，任主任。

续表

序号	年份	书名	作者	备注
32	1936	本国新闻事业	郭步陶 编著	申报新闻函授学校讲义十一
33	1936.6	新闻之理论与现象	张友渔 著	
34	1936.11	记者道	袁殊 著	
35	1937.7	现代新闻学概论	储玉坤 著	国民党政府唯一指定大学新闻理论教科书
36	1938.7	战时新闻学	任毕明 著	
37	1938.9	中国近代之报业（上）	赵君豪 著	
38	1938.9	中国近代之报业（下）	赵君豪 著	
39	1938.10	基础新闻学	李公凡 著	
40	1939.7	中国报人之路	杜绍文 著	
41	1940.4	新闻学	戈公振 著	1932 年完稿，另有 1947 年版
42	1941	新闻学的基础知识（上）	中美日报读讯会 编	中美日报读讯会实用新闻学讲义
43	1941	新闻学的基础知识（下）	中美日报读讯会 编	中美日报读讯会实用新闻学讲义
44	1941.7	综合新闻学 1	任白涛 著	
45	1941.7	综合新闻学 2	任白涛 著	
46	1941.7	综合新闻学 3	任白涛 著	
47	1944.9	新闻学	鲁风 著	新中国自修学院约稿
48	1946.6	科学的新闻学概论	萨空了 著	另有 1945.3 出版的署名艾秋飚的版本
49	1946.11	新闻史上的新时代	胡道静 著	
50	1947.12	新闻学的理论与实际	〔英〕斯蒂德 著 王季深 吴饮冰 译	上海文化函授学校读本

再版序言

這是一九四三年我在桂林被捕後囚於夾山時寫的一本書，寫好之後爲求能迅速付印，就用了艾秋飈這筆名交桂林文化供應社送審。爲了能够通過審查，文供社的朋友對這本書中可以觸怒檢查老爺的字句，曾作過很細心的删改。例如本書第卅五頁第二段最後一句：「此外在各大城市創辦黨報，設立新聞檢查所，都是比較重要的設施」。大家仔細讀這一章文字，當然可以了然，我的本意不會是把「辦黨報設新聞檢查所」叫作「重要的設施」的。在這本書中類此的删改不能一一列舉，不過幸而我的基本觀點與主張還未被歪曲，這可以看出來檢查雖兇，實際上却起的作用有限，而文供社的朋友當時的苦心，也由此淸晰的襯托了出來。

這本書的初版於卅四年三月在桂林印行，曾銷行於西南大後方諸省。現在香港文供社爲了將這書供獻給南洋及東南各省讀者，决定改用我的本名在港再版，囑我寫一篇再版序言，我以爲除了將以上的事實告訴大家之外，已沒有什麼其他的話想講。時間確又過了兩年，中國的新聞事業還是一樣的沒有享受到眞正的言論自由。檢查雖云取消，特務搗毁報館，打死記者的自由也隨之而來。中央通訊社更變本加厲的在利用其獨有的無綫電報道利器，作着爲一黨宣傳的工作，各地國民黨黨報，在名義上將都蛻變爲私營企業，實際上則是更把黨性加强。這些本都是由國庫支付建立起來的機構，現在全將化爲黨有的私營企業，這筆胡塗帳，天曉得，將來應當如何清算。

在本書的結語中，我曾說過，我這本書，實在是一本「今日中國新聞事業的改革計劃」，我不希望本書不朽而希望它速朽，因爲由這本書之不再値一顧，可以證明中國新聞事業有了長足的進步。

現在這本書竟爲了大家還需要牠而再版了，我希望大家能體會的到我寫這再版序的心情是多麼黯淡悲痛。

爲中國新聞事業爭取眞正的言論自由，還是一個漫長而艱苦的鬥爭，我希望讀了這本書的人，都能認識這一點，並來參加這一鬥爭。

著者

一九四六年五月十七日（著者入獄的三週年紀念日，也是華商報廣州分社被搗毀之後兩週）於香港。

序言

依據自己所有的一點知識經驗，爲有志於新聞事業的青年寫一本研究新聞學的「入門」書，這是十年來的一個心願。十年來東奔西走，幾本英文新聞學參考書始終帶在身邊，準備一有寫的可能時，不又爲找不到參考書而停輟。到最近，這幾本隨我走了幾萬里的書，在流浪中也喪失了，却意外的，有了寫的時間。生也有涯，這機會豈容錯過，沒有參考書，憑自己腦中貯藏的一些材料，我也要寫。歷整整的五十日，寫成了這幾萬字，一個心願總算履行了。完稿之日，恰值中秋，在清澈的月色下，坐於鄉間陋室的走廊間，回想十餘年來的記者生涯，十餘年來中國新聞事業的滄桑，不禁有無限的感慨。

一些獻身中國新聞事業終至犧牲了自己生命的熟人，他們的子女到今天都兒女成行了。可是中國新聞事業的新生，却仍孕育在母體內，還要經過一次劇烈的陣痛牠才會降生吧？——不，說不定牠還會遭遇不幸的難產。

每一個母親都知道，當新生降臨時，她自己的生命將接觸到死的邊緣，但是她們一點也不畏踴畏縮，那種不惜爲新生的出生、成長、而犧牲一切的忠貞意志，使母親成爲世間最偉大精神的象徵。

作爲構成中國新聞事業的母體一份子的每一個中國新聞事業從業員，面對着新生降臨可能有的一切苦難，自亦應具有一般母親所都具有的忠貞意志、偉大精神，堅定的忍耐支撐，甚至不惜犧牲性命。中國新聞事業的新生，也許爲了他們的忠貞偉大，才能順利的產生。——中國新聞事業新生的出生成長，與新中國的出生成長是血肉相連的，所以中國新聞從業員，目前面對着的，眞是一個偉大而神聖的使命。

回溯十餘年來，我們這有虧母職的一羣，既不忠貞，更談不到偉大，當然不會有何犧牲，新生已爲我們流產了許多次，間接自也影響了新中國的成長，在這聖潔的月光裏回想，我心上充滿了懺悔、羞愧的悲慟。我覺得我應當首先把這心情，傳佈給一切想讀這本書，想加入新聞事業的青年。

如果你沒有決心，爲了達成自己的信仰，不怕一切苦難，甚至不惜背十字架，像耶穌一樣，我勸你千萬不要選擇新聞事業作你的終身職業，否則便是自誤。今年九一記者節曾有人喊出來，「報人易爲」的話，(見卅二年九月一日大公報社論：記者節感言)這正是對準我們這一羣有虧母職者，當心的一戳。報人決不易爲，除非你存心逃避應盡的職責，時時偷着去接受墮胎的手術！

如果你已有了一般母親具有的，爲了新生不惜犧牲一切的心理準備，那中國新聞事業正張着雙臂歡迎你來，因爲中國乃至世界代表正義的人羣都在期待着牠的新生，可憐牠却許久許久都難於遇到肯盡職責的母親！

追憶十多年來，我的同業中，很有些有才幹，有智慧，使人不能不看重他的份子；但是他們多半缺乏一個新聞從業員所最應具備的品德，即「富貴不能淫，貧賤不能移，威武不能屈」的精神。一遭遇到嚴重試驗，便蛻化沉淪了，壯志成了煙塵，其才幹智慧本可大有造於人類的，也在交換到「個人享受」之後，便廉價賣出。這實例，叫人不能不爲之扼腕，也就叫人不能不覺得品德的堅貞乃是作新聞從業員的第一個條件。不過在我寫的這本書中却未討論到這個題目，因爲我早就準備了把牠留在本書最前的序言中提出。一個新聞從業員應具的品德，三言兩語便可說完，但是往往成千累萬的人都作不到。一個人如果才智足以置身新聞界中而游任愉快，說他會不懂新聞從業員應具的品德是什麽，其誰能信？所以品德這一問題，沒有什麽高深的理論可言，只是到了嚴重關頭，肯不肯犧牲自己的幸福的問題而已。我所强調的心理準備，也只是要青年準備能挺的過去那嚴重的一剎那！

總結起來說，我願正告想置身新聞界中的青年，新聞事業，决不是升官發財的捷徑，至少，依本書之指導，達不到那一目的！爲使志在升官發財的青年不走冤枉路，我先爲他們喊出「此路不通」，並聲明本書非爲他們而寫，也決不以失掉他們這些讀者，而有一點遺憾！至於冀抱了殉道精神想加入新聞界的靑年，我敬以此書獻給他們，期望牠是一座橋樑，能引領他們升中國新聞事業之堂，使對中國新聞事業的新生，有所供獻！如果這幾萬字能爲中國新聞事業召致一批懷着忠貞偉大母性精神的生力軍，或可略贖自己十多年來濫竽中國新聞界中的罪愆了吧？

最後我還想再說一句話：我親眼看到許多爲中國新聞事業供獻了生命的先賢們的子孫在今日的繁昌，而殺他們的劊子手却早也墓木已拱，使我相信：「一切的摧毀，都阻遏不了新生！」盼讀本書的靑年，對這眞理，都能和我一樣的篤信！

一九四三年中秋

目次

第一章 什麼是新聞學……一
第二章 新聞學研究些什麼……八
第三章 新聞報道的發展過程……一四
第四章 報紙言論的發展過程……二二
第五章 怎樣使報紙有益人類……二八
第六章 中國新聞事業展望……三三
第七章 今日中國報紙的新聞來源……四一
第八章 什麼是「新聞」和「記者」的任務……五一
第九章 新聞的採訪……五八
第十章 怎樣寫報紙文字……六七
第十一章 新聞的編輯……七八

第十二章　今日中國報紙中的言論……一〇九
第十三章　改進中國報紙言論的計劃……一一八
第十四章　管理報社的原則……一三一
第十五章　編輯部的組織……一四三
第十六章　經理部的組織和工作……一五三
第十七章　印刷廠的組織與管理……一八二
第十八章　總管理處的組織和工作……一九三
結　論……一九八

第一章 什麼是新聞學

什麼是新聞學？

今日要解答這個問題，並不像解答什麼是哲學，什麼是經濟學，那樣容易用一個簡短的定義，把牠說明。因爲新聞學這名詞之形成，在人類社會中，歷史非常短暫，世界學者間，對這類研究，應否列爲專門科學之一種，尙有許多爭辯。不過卽使承認新聞學爲一種專門科學，牠到現在，仍是極其幼稚的科學，是不容否認的，因爲迄今爲止，世界上還沒有一種權威的新聞學著作，足以奠定新聞學在世界科學界中的地位。

一切學術都落人後的中國，新聞學無疑的更極幼稚，於今可說連一個名稱尙未確立。「新聞學」這個名詞，在中國是沿用日本對英文：“Journalism”一字的譯文。此外國人對“Journalism”有的譯爲「報學」，「集納學」（兼譯音義），還有人譯爲「報導學」（日人譯英文之Report爲報道。國人譯Journalism爲報導學，謂報道之外，尙有指導之意。），也都不見得恰當。所以我們要研究新聞學，竟需先自「正名」作起。

現在我們決定仍沿用「新聞學」這一名詞，一方因爲牠在中國已比較爲人所熟知，一方也因爲新聞二字，廣義的看來，未嘗不可以包括Journalism一字所含「報道」以外的意義。——像評論專欄論文，是提供一種新的意見；對讀者自也可說是一種新的見聞。

正名之後，再來解答什麼是新聞學。

新聞學，可說是一種新興的社會科學，儘管現在還很幼稚，但相信將來一定會有極廣遠的發展。這由牠在世界上出現極晚，而立即在各國的大學中迅速的佔有一席地位——新聞學系紛紛成立，——來看，即可證明。

新聞學的產生，和其他的社會科學一樣，是適應着人類的生存需要而產生。因爲人類社會中先有了憑種種工具（如報紙雜誌）相互報道消息並提供意見這一事實，大家又感覺到這種事實對人類生存的影響廣大而深邃這一現象；遂不能不拿牠當作對象，而加以研究，希望能夠發現牠的運動法則，或因果規律，以期正確的把握牠，運用牠，減滅牠可能加諸人類的不幸，發揚牠有益於人類的使命。

說新聞學是一種新興的社會科學，所研究的是「在人類社會中，人類相互憑種種工具向他人報道消息提供意見這一事實；對人類有宏大影響這一現象的運動法則或因果規律」。是不是人類憑種種工具相互報道消息提供意見這一事實，在人類中也是新興的呢。誰也知道不是！那麼爲什麼新聞學到二十世紀才產生，而是新興的社會科學呢？這一問題我們首先要把牠弄明白。

中國有一些研究新聞學的書籍，或者譯自日文，或者依據日人所著新聞學爲藍本而寫成，都說新聞報道的發生，遠在人類有史以前，這話並不錯；接着他們多喜替中國吹牛，說中國是最先有報紙的國家，「春秋」就是我們最早的報紙。（「斷爛朝報」這句輕視「春秋」的話，想不到也竟有了提高「春秋」價值的效能。）這却不對了。他們旨在爲中國爭光榮，結果却不免爲有科學的史的知識的人所竊笑。因爲報紙（「春秋」在本質上與現代的報紙當然完全不同。）的產生，和社會的發展，有着極密切的關聯。社會不發展到報紙可能產生的階段，報紙當然不會產生。新聞學也是一樣，社會不發展到需要新聞學產生的階段，新聞學自亦不會產生。所以儘管人類憑種種工具相互報道消息，提供意見這一事實，遠在人類有史以前即已存在；可是新聞學却要到十九世紀末廿世紀初的資本主義社會中，才得建立。

爲什麼新聞學要到廿世紀才得建立？要說明牠，我們必須追溯一下，人類憑種種工具相互報道消息提供意見這一事實的史的發展。

人類和動物的區別，在於人能製造工具和人懂得合羣。人沒有銳牙利爪，氣力也遠遜猛獸，而仍能在世界上存在，完全是靠了能够運用所製造的工具並能大家合作。十個有棍棒的人，同時進攻一隻熊，可以殺掉牠，分享牠的肉皮；十個單身的人遇到一隻熊，可能逐一被熊吃掉。所以人必須合作。這種合作的要求，也就確定了人類間必須相互報道消息，提供意見這一事實。第一個發見熊的人，僥倖未被熊吃掉，不論爲了警告趨避，或是糾合除兇，一定要去報告其他的人類。沒有語言之前，便用手勢報告，——我們的文化，也就由此而產生。語言因是爲這一要求而產生；繪畫，文字也是爲此而產生；當不能面對面報道消息時，便用一種工具把一種可怕的野獸，或一種可以吃的馴鹿的形象，畫在崖壁上，作爲警告或通知，報告其他的人類。文字，乃是根據這種繪畫發展而成。甚至音樂，也是爲了這種要求而產生。爲了糾合羣衆，爲了齊一致動作，把一張獸皮蒙在石臼上，用手或一根木棍敲打，我們便有了樂器——鼓，爲了動作一致而敲打，便有了節奏。

所以人類爲了要生存，便不能不有相互報道消息提供意見這一事實的要求，而這要求，逼迫着人類，必須創造種種工具，發展種種技術來適應牠，來擴大牠的影響與範圍。

在這要求的逼迫下，隨着社會的發展，工具一天天的演變，技術一天天的進步，舉中國的例子來說，畫與寫的工具：由骨刀，石刀，到銅刀，到鐵刀，到竹筆，（蘸漆寫於竹簡）到毛筆，到外國製造的鉛筆，鋼筆，自來水筆，甚至仿外國打字機而造的中文打字機。被畫寫的工具：由石而金，而竹木，而皮革，而絲帛，而紙。寫的數量一次一張仍不能滿足廣泛的要求，於是在紙發明了之後，由刻石拓印，發展到雕刻木版，木版刻一次只能用一次，仍感困難，於是由封泥發展出來了陶製活字，更進而有木製活字，（如武英殿聚珍版）再進就是英人爲印聖經在香港仿歐洲的鉛，而創製的鉛鑄活字，也被我們採用。而這種鉛鑄活字，傳到日本，又經研究，而發展爲中文排字機（Linotype）。這中文排字機乃仿西文排字機而製造，有此機後，即可不必鑄造大量鉛字，存儲架上，僱工人排檢，而可於需用時臨時鑄造，合排檢、鑄造於一次勞動中完成。在「七七」前，此種排字機日本朝日新聞已經採用，相信二次大戰之後，這種排字機，也必然會被中國普遍採用。——字的問題在中國大大的發展了，印的問題自然也有了大大的發展。由拓印石刻，到印刷陶版，木版，然後購用外國製造的印刷機，從極簡單的印機，到手搖平版機，到電動輪轉機。（簡單的輪轉機，「七七」前，上海已能仿造。）紙張更是隨着印機的要求而時時改變。輪轉機用紙，在抗戰後，在四川且曾有嘉樂捲桶紙可供應用。

試就上舉的工具技術的發展過程來研究，可知這種工具技術，在過去完全是伴着社會的發展而發展；這發展，又基於人類求生存所必需。在史前社會中，人類用骨、用石、用銅，作生產的工具時，也就以同樣的東西，來作報道消息提供意見的工具。也許即以同一的骨刀，來殺牲，兼用以刻畫獸形。以後生產工具有了更進步的發展，封建社會形成，生產工具與報道消息提供意見的工具也逐漸分開，不過生產工具的發展仍然影響着報道消息提供意見工具的發展。（發見了漆的工藝用途，也發見了它可用以寫字於竹簡。）在作用上，生產工具則直接影響着經濟構造，使牠變革進步；報道消息提供意見的工具則直接影響着法律政治，然後又互爲影響，促成社會再向前發展。懂得了這種發展的關係與過程，我們才能懂得今日我們所用以相互報道消息提供意見的工具與技術，乃是承着「產業革命」以來，生產工具進步的影響，而大大的發展變革了過去的工具與技術。這種工具技術的進步伴隨着生產工具革命造成的「產業革命」的影響，在歐美曾形成了政治上的「市民革命」。並伴隨生產工具的再發展造成的世界經濟發展；一方牠自身在再發展中，一方更將使世界的法律政治，再向前發展。——這也是基於人類生存所必需。

產業革命發生於十八世紀，世界上正式負載「報道消息提供意見」使命的「報紙」，也是在十八世紀才正式產生——因爲只有在這樣的社會形態中，這樣的工具技術基礎上，牠才能產生。報紙產生了，牠隨着生產工具的改進，經濟的發展，像競走一樣的前進；印刷的工具，報道的工具（如無線電），發行的工具（如飛機）的發展，一日千里，報紙及其他報道消息提供意見的工具這一事實，所加諸法律政治，意識形態的影響的強大，才爲人類所認識。牠可以創造戰爭，（美國報業大王之一賀爾斯特，曾以他的報紙宣傳，造成美墨戰爭，而發展他自己的事業。）推翻政府，（證例極多無須列舉）如或爲某些人壟斷利用，則將爲害世界整個人類。（納粹法西斯之利用壟斷報紙及其他報道消息提供意見工具，實爲他們的政權的主要支柱。）人類爲了生存，對這種現象自不能坐觀無睹，所以研究這種現象，探求牠的運動法則或因果規律，以期能够正確的把握運用牠的要求產生了，——也就是新聞學產生了。

新聞學所以要到廿世紀才產生，是因爲到廿世紀才有產生牠的環境，遂亦不說自明。

第二章　新聞學研究些什麽

新聞學的建立緣因，在前章已約略說明，這一章擬試具體說明新聞學要研究的是什麽？

前章說：「新聞學是適應着人類生存需要而產生，因爲人類社會中有憑種種工具相互報道消息並提供意見這一事實，人類切感到這一事實對人類生存有廣大而深邃的影響這一現象，遂擬加以科學的研究，發現其運動的因果法則，以期正確把握牠運用牠，減滅牠可能加諸人類的不幸，發揚牠有益人類的使命。」本已把新聞學所要研究的內容概括的說明了。但因爲怕這說法太抽象，所以在以下再作一次補充的具體解說。

第一，說新聞學是適應着人類生存需要而產生，怕就有許多人不大了解，也不大相信。說史前社會中，人類間相互報道消息提供意見，關係着人類的生存，（像前舉獵熊的例子）那關係比較直接了當，易於叫人了然。在現在說人類間相互報道消息提供意見關係着人類的生存，知識比較落後的人就會不以爲然，因爲那關係太錯綜複雜，不容易具體的看得出。

文盲不必說，就是識字的人，受過相當教育的，也有許多仍不能認識在世界上必須隨時了解世界上其他人類的行動與意志，同時也要使他人了解自己的行動與意志，兩方才能適於共同生存。不必說只受過相當教育的人，就是知識水準很高，像美國之所謂孤立派者，不也還在幻想要美國孤立於世界各國之外麽？但是現實所將加於人類的影響，並不會因爲人類不認識不了解而不來臨，納粹法西斯主義的在世界上猖獗，就是爲了過去民主國家的政治家的愚昧無知，縱養而成，但受害的却是全世界的人類。而納粹法西斯主義的長成却也是依靠了人類間相互報道消息提供意見的工具。所以說人類爲了要生存就不可不注意研究這一現象，研究那工具的運用，並非誇大。

懂得了這是關係着人的生存的問題，要研究牠，怎麽具體研究呢？

和研究自然科學一樣，先要把這在社會中運行着的人類相互報道消息提供意見的現象當作一個對象來研究，認識牠最初怎樣發生，以後怎樣發展，發展到現在形成怎樣一種現象，並推論今後牠將怎樣再發展下去。——這就是在找牠的運動法則或因果規律。因爲人類對世界上的一切現象如不能了解牠的運動法則或因果規律時，就只有受一切現象的支配，到漸漸明白牠的因果法則時，人類就反過來可以去支配牠了。我們的祖先看見閃電聽到雷聲，感到的只有恐怖，現在我們却能支配電力來爲我們服役了，便是最好的證例。

研究新聞學，尋求人類相互報道消息提供意見，在人類中運行，所起的作用的因果法則，當然也是爲了要叫牠爲人類的福利而服役。在這尋求中，應當注意的並不只是人類相互報道消息提供意見這一事實，同時還要注意這一事實，在人類中引起的影響那一現象。因爲這一事實在社會中配合着新工具技術的發現，在人類中起了鉅大的影響這現象後，才引起我們研究的要求。

在目前談研究新聞學，大家都以爲就是研究報紙，有的把範圍擴大一點，將雜誌也加進去，在事實上並不錯；可是在理論上，却不完全對。因爲在廿世紀，負載相互報道消息提供意見在人類社會中引起影響這一使命的，不錯是報紙，可是我們不能說新聞學的目的完全是研究報紙，因爲報紙可能把牠的責任，在某一天，禪讓給其牠的比牠更有效於肩負這工作的工具。例如無線電播音，在現在，尤其在第二次大戰中，就在某些點上，超越過了報紙。報告一段轟炸的新聞，報紙最快也要到收到電報經過譯、編、印刷發行之後，才能入於讀者之手。可是無線電報告員，却能在轟炸進行中向你報告，甚至可以叫你親自聽到轟炸的聲音，不管你距離那被炸之處有多麼遠。當然現在無線電播音報告，就是在美國，也還未能取報紙而代之，不過說不定會有一天，有一種新的發明可以取報紙而代之……這是我們研究新聞學的人，所不可不具有的認識。

不過在今日我們研究新聞學，却還是要以報紙爲主要的對象，因爲牠們是在今日人類中正適負着相互報道消息提供意見，在人類社會造成鉅大影響使命的工具。

日報，在世界上產生不到二百年，在中國不過七十年，時間都不算久。中國報紙，在社會間所發生的影響還不算大，但在英美等報紙發達較早的國家，在二百年中，報紙已有了極值得我們注意研究的發展。而這發展對於我們一切落後的國家，更有許多珍貴的材料可資借鑑。所以我們現在已可具體的說：

（一）我們研究新聞學，是要研究「人類社會中，以種種工具相互報道消息提供意見這一事實，在人類社會中造成鉅大影響這一現象的因果法則」，因爲現社會的相互報道消息提供意見的主要工具是報紙，我們遂決定以報紙爲主要對象來從事研究。

研究的方法是看報紙在怎樣的社會環境下產生，又怎麼隨着社會的發展而發展，發展到今日，成果如何。基於由這些已知的材料中，尋求出來牠的發展和對人類的影響的運動法則，而決定今後我們應當如何正確的把握他，幫助他再發展，使他在人類社會中發生更宏大，且絕對有益的作用。

（二）爲了達成前一目的，即正確把握報紙，幫助牠再發展，使牠在人類社會中發生更宏大，且絕對有益的作用。我們遂不只需要作如上所述的理論上的研究，我們同時還要研究那使報紙可以發生偉大作用的製作與管理技術。

本來前述的理論研究也是不能不顧到使報紙發生作用的工具與技術的，離開了工具技術這基礎而論報紙，那就不是站在科學立場上的研究者的態度了，但這裏所說的研究技術却有更進一步的意思，即是我們研究那些技術，不只是把牠看成產生報紙的基礎，而所注意的却在報紙及其作用；我們確實要研究那些技術，爲了達成叫報紙再發展，而發生宏大的有益人類的作用那一目的。這就是說（一）爲研究如何在理論上正確把握報紙的作用，（二）爲研究如何使技術上更有效的適於發揚那報紙的作用。——爲了使報紙成爲造福人類的工具，這兩種研究缺乏那一種也不成功。

更進一步說，就是（一）我們要在理論上懂得報紙的產生是由於社會發達到某一階段，人類有了相互報道新聞的要求，於是就有了報紙產生以滿足人類這一慾望。但爲了交通印刷等困難，報紙最初是不定期的。以後因爲社會進步，於是由不定期而定期，而月刊而週刊，而日刊而半日刊，而每隔一二小時發刊一次。形式大小則由傳單的形式，而發展爲今日報紙大小的四分之一，而二分之一，而全張，而二張，三張，以致幾十張。報道內容，過去是「有聞必錄」，以後是錄聞之外，編者亦發表他的觀察；以後則是連新聞也已成爲含有報道者的主見的文字。於是過去被動的負責作報道工作的報紙，漸變爲主觀的要向人類灌注一種意見的宣傳刊物，於是牠遂形成了一種政治的武器，於是牠遂成爲對人類可能有益也可能有害的工具。我們要研究的就是牠本身的這種種嬗變與社會的關係，認識其利害，而決定今後，我們在理論上應如何應用這種工具。

（二）我們在技術上要研究如何採訪、寫作、編輯。甚至如何組織一個報社，如何管理牠，像印刷、發行、廣告種種事務的安排，都要探討到。因爲這是在我們樹立了如何應用報紙的理論時，爲了使那理論形成事實，不可不具備的條件。

新聞學，在今日所要研究的，大致就是這些細目。在本書內，在以下邃也將逐一的，把這些細目完全討論過。不過最後還要補充一句，就是：因爲這本書是寫給國內讀者看的，所以一切的討論，也就以「現代的中國」，作了牠的「時」「空」範圍。

第三章　新聞報道的發展過程

新聞學研究，在今日應以報紙爲主要對象，前章已經說過了；因爲報紙是今日在人類社會中肩負「相互報道消息提供意見」的主要工具。

在報紙中報道的消息，現在叫牠作「新聞」，在報紙中提供的意見　現在叫牠作「言論」。（包括社論和專欄論文）

和在原始人類中「報道消息」這一事實，先於「提供意見」一樣，報紙的最初任務也只是報道新聞。

有許多寫新聞史的人，說人類生來就富有好奇心，所以自有史以前他們隨時隨地都喜歡交換「新聞」。一本日本人寫的日本新聞史中說。日本的新聞報道　大約可以上溯到古代的所謂「井戸端會議」吧？每天早晨各家的婦女攜了水甕到井邊汲水，大家在井旁遇到了，於是各人報告了過去一日的見聞。這也許就是日本新聞報道的開始。

中國的寫新聞史的人，尊「春秋」爲中國的報紙眉祖，自然是在以關於政治的記載爲報紙的中心了。這些議論都可說觸到了一些事實的邊緣，但又都似是而非。

人類最初注意新聞，決非出源於人類有好奇心，像現代人類之關心桃色新聞那種情形。實在是由於生存的要求。就是到今日也仍是和他們的生存關係最密切的新聞，最爲人類所首先注意，而且被注意的最普遍。對桃色新聞不感興味的人，在社會上很多。但是糧價陡漲的消息，却沒有一個人不注意，不但傳播的普遍而且非常迅速。所以世界上新聞報道最爲人類所注意的，第一是經濟性的新聞，注意的人也最多；其次才是政治性的新聞，注意的人已比較少些了。

報紙的發展正是完全順應着人類這種要求而展開的。

世界報紙的祖先，可考的，一致爲治新聞史的人所公認的，是「新聞信」（NEWS LETTER）。新聞信的產生，乃基於商業的要求，次於與商業有關的新聞，而成爲新聞信內容的，便是戰爭新聞，因爲戰爭，可以影響到商業的進行。這種新聞信最初本是友誼性的報告，後來因爲這種報告在商業上有極寶貴的價值，逐漸的「新聞信」也成了商品，報告商情與戰爭（即經濟新聞，政治新聞。）的新聞信，有人願出代價購讀，於是「新聞信」逐逐漸的發展爲每週一次的商品。

新聞信在歐美是基於商業資本的要求而產生，而商品化，這大約是在十四五世紀的時代，這種新聞信最初當然是手寫的，商品化之後，才漸有用雕版印刷印行的新聞信出現。

正式報紙在世界上的出現約爲十八世紀，先驅的國家是英國，德國，美國，而最基本的使報紙出現的原因，還是產業革命發展了印刷的條件。——印刷機的創製，奠定了世界文化發展的基礎，是沒有人能否認的事實。

正式報紙出現之後，新聞報道仍然以經濟與政治性的爲主體。報紙在英國正式出現後不久，就有了「廣告」。這一發展，說明了報紙對商業關係的密切，而這一發展，也說明了報紙這工具，不甘只依附於商業，將向更廣大的範圍展開。

工具進步促使報紙進步外，另一種力量壓迫着報紙進步的，是人民爲了自身的生存，關切着一切可以影響其生存的戰爭的新聞。試考任何一國的新聞史發展，大約沒有一國報紙的發展不與戰爭有着關聯。人民的迫切要求，會使若干報紙不惜重金羅致不畏冒死亡危險，去到戰場上採訪新聞的記者。這些記者不只要冒死亡的危險去採訪，而且要竭盡他們的智力計劃一種交通手段，使他們的報道，能够迅速的傳遞到報社。過去的記者在這一點上和現代的記者相比，現代記者是太舒服了。現代記者採訪之後，寫成報告，只須交給電報局郵局，便算責任已了。在沒有電報局郵局的過去，外國記者曾試用過把新聞稿封入罐子，放在海內，任其漂回國內，曾託可能找到的每一艘便船；曾利用通信鴿。在新聞史上，這些嘗試都有過驚人的成功。就是在有了電報之後，倫敦一家報紙的特派員，爲了要把日俄戰爭的新聞首先報告給自己的報紙，在得到消息之後，迅速的跑到電報局，把一本聖經丟給電報局叫他們照拍，然後再擬自己的電稿。稿就然後停拍聖經，續拍電稿。他就以這種方法佔用「這唯一的電報機，戰敗了和他競爭的他報特派員。

這種人民爲了自身的生存，而生出的迫切要求，不只逼着報紙的採訪進步，在印刷方面，發行方面，也被逼着有了極大的進步，新的印刷機，日新月異的在發明，一切利用最迅速便捷的交通，作爲發行手段的計劃，層出不窮。於是在人民的不斷的熱烈要求下，報社的不斷努力適應這一要求下，往復不斷的互爲發展裏，報紙才發展到現代這一階段。

重要新聞一律用電報傳遞，主要的新聞通訊社特派員佈滿了全球每一個角落，世界上任何地方有重要事件發生，在二十四至四十八小時之內，各大城市的民衆，都可經過報紙這媒介而知道一切。無線電的發明更有助報紙的消息報道，在戰爭的進行中，過去軍隊前進到沒有電報局的地帶時，隨軍記者的消息即無從向報社報告，現在只要有一個幾磅重的無線電台隨身攜帶，到什麼荒僻的地帶，也仍可向報社通消息了。

新聞的報道隨着交通工具的發展，一天快似一天，影響也一天大似一天，人類對新聞的報道方法也一天比一天有了進步。

新聞報道的最初期，大致是採取「有聞必錄」這一原則的，聽到什麼就把什麼寫出來，寫新聞的人處於被動的地位。不參加主觀的意見，對新聞的選擇只注意其性質與商業有關的、戰爭的、政治的需要報道，此外的不要。與商業有關，或是戰爭的政治的新聞是否可信，完全不管。

新聞如不可信，那新聞對於商業，就失掉了參考價值，甚至根據錯誤的新聞作了錯誤的判斷，還會不利於商業，於是報道新聞，需要正確的要求最先產生。這是新聞報道的第一次發展。

在報道新聞時，那新聞是否正確有時不能立即判斷，對於一件事，可能有三四個分歧不同的消息，同時傳來，報道者爲了尊重這件事在發展中的實際情形，自應將各種傳說一一列舉，但爲了供閱讀者易作判斷起見，報道者有時必須提供一些他個人對那種種紛歧報道的看法，（因爲他接近事件發生的環境，如果他只報告不加判斷，遠離當地的人自更無從判斷。）例如列明種種紛歧消息的來源，而以過去經驗，斷定某一來源比較可靠。這種提供看法，可說是新聞報道的第二種發展。

以後報道新聞的人，漸漸認識了，那新聞報道影響社會民衆之大，在作報道之前，便先想到這報道可能發生的影響，而在報道的手法上設法，使不利的影響減少，有利的影響增强。例如明明是軍事失利，被逼後撤，而報道時却說「任務已達，轉移陣地」。這就是新聞報道的第三種發展。

認識了新聞報道的影響之大，主觀的想灌注一種認識，或激起一種反應，於是利用一樁新聞甚至製造一樁新聞，予以擴大的宣揚，以求達到一種目的：例如希特勒爲求自己能够達到執政的目的，鑒於在國會中納粹議席不是多數，難於如願，於是遂想到如能將共產黨議席排出國會之外，納粹議席卽成多數。於是由戈林導演，製造出來一個舉世知名的「國會縱火案」，然後誣稱共產黨主使黨徒火燒國會，廣爲宣傳，而將共產黨議員全體逮捕，造成納粹黨議席，在國會中的多數。——這可說是新聞報道的第四種發展。

由上述的四種發展，我們可以看出這種發展是由被動的報道逐漸蛻變成主動的報道。這本是一種人類不斷進步的跡象，不過進步到希特拉式的運用新聞報道，使牠成爲製造罪惡的工具，這是另一問題，在下面我將再談到。

新聞報道除了在主觀上由被動向主動發展之外，還有一種發展，就是客觀上依着人類的要求，牠的報道範圍，日趨廣闊。

最初新聞報道是基於人類要求知道與生活有關的經濟新聞，因爲政治對經濟的影響一天天的增强，於是凡足以影響人類經濟生活的新聞，如戰爭、政治變動，全爲人類所注意了，這是第一度擴張。

又進而知道不只政治足以影響人類的經濟生活，一般社會環境的每一不大的變易也會影響到人類的經濟生活，於是新聞報道也開展到了社會新聞。（社會新聞的晚被注意，是因爲過去的社會太狹小，一個村落中有什麼新聞，當日全村都可以知曉，自然用不着什麼報道。他村距離雖遠，但以沒有經濟往來，也就無須關心。一個現代的大城市，沒有報道，同住在一市的人，就會因爲市區遼闊的關係，連霍亂傳染的極兇猛都不知曉，更以交通密接，經濟關係密切，他市的新聞也會影響到這一市人民的生活，於是社會新聞之要求以生。這是第二度的擴張。

基於人類生活之進步，也是基於人類物質生活爲了生產的進步而臻於富裕，精神生活要求因以產生，文學藝術競技等都發達起來，報紙是人類生活的反映，於是這種種也成了新聞報道的主題。於是在報紙中，這類主題向好一方發展而形成的結果如學術副刊藝術批評專欄的建立等，（這是一半屬於新聞性，一半屬於言論性的，詳見下章。）向壞一方發展的像黃色新聞的侵入報紙，像無聊的報屁股版，娛樂版的關設等。這是報紙範圍的第三度擴張。

由這三種擴張我們也可以看出來報紙涉及的範圍在與日俱廣，這也反映出來人類生活的範圍的擴大，但是造成滿版黃色新聞；時時發行賽馬專號，鼓勵賭博；婦女專頁，研究如何塗粉抹脂；或什麼綜合版，研究男子怎樣玩弄女性，及應該有如何一個煙斗，一根手杖就顯出來瀟洒風流。這也是另一問題，留到下面再談。

總觀上述，新聞報道的發展過程，主觀上，由被動到主動；客觀上，範圍由狹隘到廣闊。無一不是隨着人類知識的進步、社會經濟的發展漸變而成。社會不斷的發展，新聞報道也將不斷的隨着演變·現在的新聞報道有許多不利於人類社會的地方，這也是人類社會缺點的反映，這是我們研究新聞報道的人必須最先認清的基本要點·

第四章　報紙言論的發展過程

在前章談到新聞報道的四種發展時，曾在第二種裏指出，新聞報道者爲事實所迫必須提供意見，這大約就是報紙中言論之濫觴了！

本來人類在知道一種新聞之後，大都會依據其生活經驗而有些意見的。在舊時的筆記小說中說，南人素少見駱駝，偶有北人攜一駱駝至江南某村，鄉人見此龐然大物以爲必係猛獸，競相趨避，嗣見其異常馴良，又有婦孺疑爲神物，焚香遮拜，並拾其糞煎水飲服謂可治病。在人類已有了相當的文化之後，鄉愚看見一個駱駝還會如此，更古代的人發見一個駱駝時不更要惶惑？但惶惑雖然惶惑，在知道有這麼一種動物出現的新聞後，他們也會根據經驗，而要作是猛獸或神物的兩種推測，這種推測是依據於過去的生活體驗，而思假以保衛未來的生存。所以人類在知道一種新聞之後，而有意見產生，也是在求生存中不能少的條件。

爲了上述的原因，報紙在新聞報道之外，有提供意見的言論出現，自是一種必然的趨勢。

報紙中的言論，最初是夾雜在新聞報道中，或給新聞報道添一條尾巴，但在這形式下自然不能暢所欲言。於是言論在報紙中自然遂以獨立姿態而出現。這是言論在報紙中的第一次展開。

有知識有經驗的人，在世界上發生了一件新的事變之際，陳述依據他個人經驗知識而斷定那事變的影響與結果，對於一些知識經驗不够，面對着這新的事變，而惶惶然的人，自然極有興味。因爲這些人可能知道這一新的事變對他們的生活會有很大的影響，可又不能預料是怎樣的影響，有人能說出來一個輪廓，他們怎能不感到興趣盎然？——報紙中每日必有社論，就是適應着這些人的要求而產生。

這些人的這類要求不只使報紙中產生了社論，另一種形式的刊物，——雜誌，也順應着這要求而產生。每週，每半月，每月，或每季，甚至每年，印行一種刊物，純爲言論，（這言論當然須與人類的求生存有着關連）供給人類，作爲求生存掙扎中的參考。辦的好，於是也會有很大很大的銷路。——這可說是言論在報紙外展開的一股旁流。

雜誌中的文章與報紙社論的內容，並不相同。報紙的篇幅不多，即使是每日發刊四大張，如二次世界大戰前的上海申報新聞報，社論所能佔到的地位也不能太多。因此社論自然不能寫太長，博徵廣引自然作不到，而且讀者每日讀報的時間不能用的太多，也使社論不適於太長。所以社論的中心，是對於一條新聞求一個結論。或者是一種關於現象與事實的剖析，或者提出具體的主張，作到這個就够了。

至於雜誌，因爲篇幅可能不受限制，讀者多具一種鑽研精神，其中文章不妨是研究性的，而且也不妨冗長。即使還沒有具體結論的研究，只要在研究過程中已有重大的發現，爲了喚起學術界的注意，也未嘗不可發表其種種假定，而要求學者共同參加探討。

這種雜誌性的言論，尤其是研究政治經濟的，現在因爲世界政治經濟的改變太快，在週刊，月刊中發表，往往成爲明日黃花，而讀者爲了了解世界政治經濟局勢的變易，也等不及看週刊，月刊。於是這一類言論，又適應大衆的要求，轉而侵入報紙，這就是現在一般報紙中的專欄論文了。雖然在報紙中有時續刊兩三日，才能刊完一篇文章，也仍然是最快的介紹給讀者的方法。這可說是言論在報紙中的又一度展開。

說到這裏我們又要追溯一下前章提到過的新聞報道範圍的第三度擴張，我曾說那是人類精神生活的反映，那種反映在報紙中發展成學術副刊，藝術批評專欄。這類副刊與專欄，說他屬於新聞報道，固然可以；但也可以說是屬於言論一方面。大約最初一定是以學術藝術的新聞爲主體的，至多爲一專欄，後來又加入了關於學術與藝術的論文而成爲副刊。漸漸的或者因爲報紙讀者的學術言論要求加高，或者因爲世界一些國家的言論自由限制加嚴，報紙與報紙間的新聞報道與言論的競爭無從進行，於是轉向專欄論文與文藝等副刊方面展開競爭，而使這些言論性的文章成爲報紙的主體，這是言論在報紙的又一展開。

更以新聞報道的影響，一天天爲人類所認識之後，世界的政治家都在以運用報紙向世界人類灌注一種意識，爲達到他們的政治目的的手段。同時一個世界政治舞台上的要人，其言論不論是他的敵人或友人，都有研究的必要，因爲「言爲心聲」，即或是「口是心非」的人，我們也可以依據其口中之「是」，而推測到他心中之「非」，如果他噤若寒蟬，我們對他就連推測也無所依據了。爲了這兩方面的要求，於是世界政治舞台上要人的言論也成了主要的新聞。尤其是在納粹、法西斯、軍閥獨裁的國家內，要人的言論更成爲報紙主要的內容。因爲他們不許民衆有意見，自己的集團對國族福利又只說不作，當然不會有什麼行動的新聞。於是今天一篇演說，明天一篇演說，佔去了報紙所有的篇幅。

由於這種發展遂給人類一種經驗，如果一個國家的報紙「完全雜誌化」了，新聞版中要聞第一條常常是當局者的演說；社會新聞第一條常常是市長的報告。此外除了一些不重要的新聞外，一概是非政治經濟性的其他學術論文，那我們斷定這個國家的人民，在這時期已失却了言論自由，決非武斷。

考報紙雜誌化，原是廿世紀四十年代以來報紙的一種新的趨勢，這新的趨勢並不是壞的趨勢，爲了人類生活日趨複繁，人類爲應付生活而需要的知識，也一天比一天來的廣闊，一些與人生關係密接的論文，（如一般性的政治經濟藝術論文）在報紙中取得經常的地位，使人人都有因這日常必讀的報紙而得接觸牠們的機會，當然很好。不過如果報紙中再沒有了算得上新聞的新聞，再沒有了關於政治的辯論討究，再沒有了一點點算得上老百姓喉舌的意味，只充滿了一些毫不相干，可有可無的甚至是迎合低級趣味的論文時，——這種所謂雜誌化，就不是順應着人類生活要求而產生的雜誌化，而是一種畸形的雜誌化了！

報紙的合理的雜誌化，大約是現代世界報紙正趨向着的一個方向，這是給的方向。另一個方向則是接受再傳布的方向，即成爲民衆言論的發表機關，使一切的民意都能藉此反映。報紙在這前一趨向下，必將影響到雜誌的內容，雜誌大約爲了報紙的這一趨勢而分化向兩極端：一種是專門化成爲權威的學術刊物；一種是極端通俗化，成爲適於小城市鄉鎮知識較落後的人的讀物。前者讀者將會比較減少，但是却成爲最有大影響於人類學術的刊物，後者則以適合大多數人的要求，可能擁有最多讀者，而成爲對政治經濟起相當作用的刊物。

因爲在今日的社會形態下，大報紙大約都集中在大都市內，發行即使最迅速，在土地大的國家內，小城市鄉鎮的民衆，仍不會個個都作大報的讀者。小城市的報紙，一時自還談不到雜誌化，因爲人力物力兩方都不允許。除了轉載大都市報紙的論文，但這論文又許不是小城市以至鄉民的文化水準所能接受，所以尤其是在未來的中國中，在這間隙裏，確有一種這樣的通俗化的雜誌的要求。

總上所述，我們可以知道報紙中言論的發展過程：由附麗於新聞報道而獨立，由獨立而分成社論與雜誌性論文，更以好的或壞的特殊的環境要求，而在報紙中取得極重要的地位，在未來的報紙中，顯然已至少可以與新聞報道分庭抗禮，成爲同等重要的二大內容。這些發展也無一不是追隨着人類知識的進步，社會經濟的發展而展開，將來也自然還會隨着社會的進展而演變。現在報紙言論對人類不免都有壞的作用，也正是這社會中缺點未除的反映，新聞學之需要研究，也就爲此了。

第五章　怎樣使報紙有益人類

在敍述新聞報道和報紙言論的發展過程時，都會談到在目前在這兩方面，都有種種不良的傾向，這類問題當時聲明保留下來預備在後面來談，在本章內，即將以這類問題爲中心，作一番檢討。

在前面已曾屢屢的指出，人類爲了要生存，便不能不有相互報道消息提供意見這一事實的要求。在有史以前社會中的人類固然如此，在今日廿世紀社會中的人類間也是如此。不過需要離同，可是在實際現象上却已不同了。這一分岐是我們研究新聞學的人所必須注意的中心問題。

在有史以前的社會中，大家都有相互報道消息提供意見的要求，也就都有權向他人報道消息提供意見，他人也都會留心傾聽他報道的消息和提供的意見。

在今天的社會中，這情形完全不同了。大家在要求上，關於報道消息和提供意見雖然是「雙方」的，可是在實際上却已成爲「單方」的，社會上，大多數的人類，已失掉了向他人報道消息提供意見的權利，而只剩下了傾聽他人所報道的消息所提供的意見的義務。

先史社會和現社會中，人類在「報道消息提供意見」上的這一不同之點，可說也就是造成現代報紙所有種種不良傾向的主因！

爲什麼造成了這種不同的情形？在先史社會中倒是平等的？到今日卻成了「單方」的，還是社會進步的結果麼？

這正是社會進步的結果。這本是稍微有一點社會史研究常識的人都能了解的問題，這裏用不着再多說。我們現在要研究的，是怎樣可以叫這「單方」再成爲「雙方」，這一問題。

要研究使「單方」改成「雙方」，我們必須注意，是在今日的這個社會之上，要實現這一要求。脫離了社會基礎來談由單方到雙方，那種空想無裨實際，所作研究，也就絲毫沒有了價值。

在前面會提到過，人類的生產工具與報道消息提供意見的工具，最初本來不分。後來社會發展了，兩者方才分爲兩種工具。在社會中生產工具直接影響着經濟構造，報道消息提供意見的工具，則直接影響着法律、政治，然後又互爲影響，而促成社會向前發展。是兩種工具，在社會中顯然具有差不多的重要性，不過生產工具是更基本的而已。是以在一個社會中，某些人獨佔了生產工具之後，自然同樣希望獨佔報道消息，提供意見的工具。在這兩種工具都被少數人獨佔了之後，自然社會上其餘的人在生產上，變成了被榨取者；在報道消息提供意見上，變成了純接受者了。

明白了這一原則，自可同時了然在今日的世界中，報紙的新聞報道和言論都有種種不良傾向，並非偶然的了。

在過去曾列舉出來過的報紙中新聞與言論的不良傾向，有（一）報道由被動向主動蛻變之後，希特拉式的人類惡魔，遂刼持了牠，作爲作惡的工具。（二）在報道範圍由狹隘向廣闊發展時，一些「驚聞」使報紙版面上充滿了黃色新聞，以及其他滿足人類色情等低級趣味的文字。（三）言論失却自由的環境裏的報紙，報紙的競爭轉向可有可無的論文方面，報紙失却了應具有的新聞價值，不成爲充塞着無聊的陳腐的論文的雜誌，便成爲低級趣味的刊物，或則成爲兩者兼備的東西。

其實這三者歸納起來，不過是一種現象的幾面而已，報道消息提供意見的工具被少數人獨佔了。獨佔了之後，獨佔者，自然（一）主觀上希望運用這種工具給一種有利於他自己的宣傳，勉强大衆接受，（二）同時他必然運用獨佔的便利，制止任何人想利用這工具作其他的宣傳。（三）在他沒有有利於他的東西可資宣傳時，他至少也不許有不利於他的文字在這工具中出現。

他人的宣傳不許有，自己的宣傳不一定能够天天有，即使有也不能佔據了報紙的全部，而且報紙在被少數人獨佔了之後，獨佔者也仍希望牠仍保持着商品的性質，否則牠的宣傳功用也會失掉了。要使報紙仍具有商品的價值，一方自多少要有些新聞，另一方，還不能不有些足以引起讀者興趣的文字。在這要求下，於是黃色新聞，滿足人類色情等低級趣味的文字，就大批出現了。

許多人從道德的觀點來指摘黃色新聞和色情的低級趣味文字，以為應予取締，否則傷風敗俗，會使世風日下，實則這還是皮相之論，擁有被人指摘為傷風敗俗的報紙的人物，聽見他人罵他不道德，他絕對不會面紅耳赤，而將拈鬚微笑，他笑的是那責罵仍然是隔靴搔癢，並未搔到癢處。因為這種傷風敗俗的文字的侵入報紙，正是舊小說中所說的「虛幌一着」，用這「一着」，叫讀者滿足於低級趣味，不再要求報紙在政治經濟方面盡牠應盡的責任，這樣獨佔者的壓軋欺騙，才能有長期安定的可能。所以這般人的罪惡決不只止於傷風敗俗！試看在日寇佔領後北平天津等地的報紙，不是充滿了色情文字麼？日寇正是在用這個對中國民衆「虛幌一着」，叫他們為了這類文字而麻醉，忘掉民族意識。那作用和向中國民衆介紹海洛英、雅片、女招待完全一樣，是以在日寇卵翼下寫這類文字的人，其罪惡實比主要漢奸有過之無不及。

由此可見，今日報紙的種種不良傾向，決不是偶然的，而是社會發展到某一階段時，就會發生的一種現象。所以要糾正這種現象，也就不是把牠單純的看作這是報紙的不良傾向所能了解的，而必須把牠和整個的社會問題聯繫在一起求一個共同的解決。

社會發展的程度不同，報紙今日在社會中不利於人類的現象也不一致。有些是掌握在納粹法西斯獨裁者的手中，有些則是掌握在大財閥，資本家的手中，有些則是掌握在軍閥買辦階級的手中。這些人寄託的社會基礎不同，自然其使報紙不利於大多數人的程度也遂不同，所以在各個不同的環境中，人類爭取報紙，爲大多數人服務的方式也遂不能一律。但牠一定要和在牠所屬的那社會中生長，而又要由那社會中蛻化出來的一切進步力量相配合，這個原則，却是毫無疑義的。

所以任何人如果要創辦一種報紙，而以有益人類爲辦報的目標時，那麼他首先要了解自己是存在在怎樣一種社會上，這個社會將向怎樣一種較高級的社會發展，而這個社會中的正確的進步力量是在沿着怎樣一種路線前進，以期達成那一發展。他的辦報方針必須是配合着那一切的發展前進，才能達到那有益人類的目標。不過在今日說有人要辦報，而其目的只爲求其有益人類，助長社會的進步力量，一點沒有其他私的企圖，怕也是絕無僅有的事吧？

第六章　中國新聞事業展望

報紙是由人類爲求生存而亟需相互報道消息提供意見這一事實，發展而成。我們細心研究人類的相互報道消息提供意見何以會關係着人類的生存，就是因爲這一事實：（一）促進了人類的合作。（二）促成了人類的進步。人類的能够生存是靠了合作，人類之有今日更是靠了進步。而促成這合作與進步的基礎，乃是那完全平等的「相互」兩字。所以今日的報紙，一定不應違反了牠自己最初的良好傳統，即必須使牠能肩負在人類完全平等的原則上，促使人類合作進步的使命。

現代的報紙能不能肩負這一使命呢？大部分的報紙並不能够，最大的缺點，是在報紙爲少數人所佔用。這一現象，早就爲人類中的先知先覺所確認，所以在報紙出現不久之後，要求言論自由的呼聲也已出現。

在最近的一世紀中，世界上爲了「言論自由」四個字已不知流過了多少血，在第二次世界大戰中，羅斯福揭櫫的爲四大自由而戰，其中言論自由也佔了一項。可見世界的人類是正在爲爭取民衆的暢所欲言而不惜任何犧牲。

中國是世界的一環，又是一個落後的國家，報紙在中國又是一個後起的事業，報紙在中國的發展，多半是向世界各國學習而展開，自不會不同於世界報紙發展的規律，所以我們研究世界報紙的發展史，就可以大致的看出來報紙在中國將會如何發展。知道牠會怎麼發展，如果某些發展是我們認爲不利於民衆的，自然可以事前防範那類發展的展開，——這正是落後國家可以討便宜的地方。

在中國本土上創辦最早的中文日報是申報，（創刊於一八七二年）創辦人是美國人美査，地點在上海。創辦的目的，一半是爲了商業的要求，（那時上海已是中國貿易的門戶）一半已含有政治的意味。（當時資本主義國家，對中國的侵略已有相當的成就。）申報出版之後立即爲中國的從事政治改革運動的團體所效仿，而創辦了純政治性的報紙。最著的是康有爲梁啓超的强學會。康梁對國內的號召力量，實以在滬所辦强學報及時務報爲基礎，以後就是章太炎鄒容同盟會的一些人物，所辦的蘇報，民呼報，民立報等。辛亥革命的成功與其說是靠了武力，無寧說是靠了言論。——尤其是在上海、在日本所辦的報紙。

辛亥革命的果實落到了軍閥買辦階級的手中，中國的報紙遂亦多成爲依附軍閥或買辦階級者始能存在。當時中國的兩個報紙中心區，一個上海，一個北京，北京的報紙多屬政治性的，也就是軍閥的工具；上海的報紙多屬經濟性的，也就是買辦的工具。看當時上海報紙的作用，在操縱市場，北京的報紙的作用，是為內戰跳加官，就是明證。在半封建半殖民地性的社會中，報紙當然是要如此才能存在的。

北伐成功之後，國民政府予中央通訊社以無線電（關於通訊社的說明見下文）這獨有的報道利器，許多民營通訊社（如國聞通訊社復旦通訊社）不能不自動放棄競爭。此外在各大城市創辦黨報，設立新聞檢查所，都是比較重要的設施。

依照國民黨總理孫中山先生之遺教，由訓政時期而入憲政時期，國民黨即將還政於民，卅二年九月五屆十一中全會，更通過決議於戰後一年內召開國民大會，制定憲法。 蔣總裁在此次全會開幕訓詞中並說：「憲政實施以後，本黨還政於民，……本席個人意見，……在法律上，本黨應該與一般國民和普通政黨處於同等地位，在法定的集會結社言論出版自由的原則下，享同等的權利，盡同等的義務，受國家同等的待遇。」由此可知，至遲於抗戰勝利一年之後，憲政時期即可到來，而民衆之言論自由即可充分獲得。尤其孫中山先生的最終政治理想為「天下為公」的「大同社會」，是以中國報紙的作到不違反其最初的良好傳統使命，似非難事。不過在發展過程中，如何使之不入歧途，也尚有許多人事待盡。

抗戰勝利，帝國主義的桎梏既脫，中國社會的向資本主義之途邁進是毫無疑義的。在這發展中，鑒於美英的前車，報紙還應屬於民衆的報道消息提供意見的工具，可能爲大財閥資本家所獨佔。在一個系統下，建立幾十個報社，通訊社於幾十個大城市。這種現象在美國已寫下了無窮的罪惡史頁，這種報業托辣斯一定不會爲民衆服務，代表民衆利益，所以這是中國未來社會中必須防止的一種報業的發展。

防止的意義還是消極的，更重要的是應積極的設法使報紙成爲大多數民衆自己的相互報道消息，提供意見的工具。

爲實現這個要求，著者提出來以下的擬議，供國人參考：

依照當前的形勢來看，中國步入憲政時期的時候，中國新聞事業的現象，將爲（一）通訊社，全國只有一個對內對外的惟一權威通訊社。（二）報紙，全國各大都市的主要報紙，皆將爲靠國庫的支撐而存在的機構。這現象自不適於憲政時期的要求。不過也不應用鹵莽手段，加以非建設性的改變。我們應注意到這兩種機構過去都是靠國庫的撥付而建樹起來，其中已培植了不少的幹部，具備了相當的規模。在憲政時期自仍應保持其優良的基礎，只求其在本質上變爲屬於民衆，就够了。關於改變的方法，試爲代擬如下：

先談通訊社：通訊社是以新聞供給報紙的組織。目前世界上强大國家，都有一個規模宏大的通訊社，對外代表國家。這種通訊社，不一定由政府主辦，但多和政府在對外政策上有相當的聯絡，像英國的路透社，美國的合衆社都是明證；由政府主辦的也有，像蘇聯的塔斯社即爲一例。在世界上，國家形態存在一日，中國對外自也需要一個强大的對外代表通訊社。中國既已有通訊社漸具這種資格，當然仍以保持牠的這一任務爲佳。不過通訊社對內不應完全由一社獨佔，因爲這將妨礙民主精神的發揚。解決的方法是鼓勵其他通訊社的創立，畀以同樣的特權。如甲社可以在各地設分社，自設無線電台與總社通報，乙社、丙社、丁社，也應同享此種權利。假使政府所辦交通事業確能大有進步，爲了統一電政，亦可規定各通訊社一律不得自設電台，所有電訊，須照新聞電拍發辦法交電報局拍發。如通訊社待遇平等，拍電先後以送到時間爲準，這也是一種方法，不過電報局的工作效率必須大大的加强，才肩負的起來這一使命。

通訊社不再是獨佔性的，國內通訊社事業，一定可以大有發展。競爭加劇，反可使舊有的通訊社，爲求自存，必須更求進步。

至於報紙，保持舊有良好基礎的辦法，可以採用把牠們改變爲民意機關的方式。不論是在首都，還是在各省，這類報紙的社長，可以改爲民選。或於選舉民意機關議員時選出，或由各級民意機關中互選產生。最好是單獨選出，選省議員時同選一省報社社長，選縣議員時，同時選一縣報社社長。全國性報紙的社長，全國性的通訊社社長，則與全國最高民意機關議員同時選舉。

同時，不論此類報紙或通訊社，政府不能再以國庫予以津貼，皆須求以營業自養。這些機構，如果辦的好，本都是可以營業自養的；不予津貼，是爲了求其逐漸完全代表民意。至對外代表國家的通訊社，其國外事業，可酌量由政府予以補助。

這種意見也許在世界上尚屬創見，但是就中國的事實講，著者以爲在新聞事業極爲幼稚的中國，爲了保全已有的報社組織與幹部，而使那些新聞事業轉屬於民衆，實在只有這樣的一條路。並且就是採用了這種意見，那些組織，說牠可以立即轉變爲民衆的言論工具，也還不可能。這還是要配合着中國未來的政治發展而決定的，如果中國能够實施了毫無資格限制的普選制度，（滿十六歲或廿歲即有選舉權，滿廿歲或廿五歲即有被選舉權。）那麼照上擬辦法，也許那些新聞事業才比較有屬於民衆的可能性。

這一類報社社長，通訊社社長，改爲民選之後，還有一點，必須强調，那就是所有縛束言論自由的法令機構，應當一律取消，民衆人人有創辦報紙之自由。報紙只受法院檢察官根據刑法提出之控訴，與其他民衆依據民法而向法院控訴的訴訟。外此再不能有任何單行法以縛束報紙爲目的。

以上可說是一些積極的建議，就是這些積極的建議能够全如理想而實現，還要看那些選舉是眞正的選舉，還是形式的選舉。即或是眞正的選舉，因爲中國民衆知識的落後，我們也還不能希望所選出的人，一定能是適當的人選，不過有了眞正不欺的民選，逐漸可使那些新聞事業轉入眞正民意之途，逐漸可以進步，却是不會錯的預測。

言論自由一旦開放，相信中國報紙、通訊社一定會風雲擁起。政治既步入憲政時期，各黨各派，無黨無派的有政治目的的人，一定都會各辦自己的言論機關，宣傳各自的政治主張，這種現象對中國是只有好處沒有壞處的，大家各憑自己的主張訴諸民衆的判斷，而以各自所辦的報紙爲媒介，這是民主的方式。這樣中國的新聞事業，遂可能形成兩種，即一種以教育民衆爲主要目的，希望由民選社長後的報紙通訊社等新聞事業負責，另一種，以宣傳各自的政治主張爲主要目的，由各黨派以至無黨派的人所辦的言論機關負責。本來宣傳與教育要强行劃分，也是分不開的。所以這樣說，是因爲想禁止任何黨派再以這些已有規模的新聞事業作自己的宣傳機關。如果被選任各級報社通訊社社長的人，利用職權爲自己的黨派作宣傳，經監察院提出彈劾認爲彈劾案成立時，該社長即須去職而以次多數遞補。這樣一黨未能利用這些已有規模的新聞事業，其他政黨亦不能利用，方爲平允。同時責令他們以教育民衆的主要目的，爲中國民衆多爭得一種教育工具，自會於中國的進步有利。尤其以這種報紙教育民衆，而就希望以這種報紙屬諸民衆，與我們最初的希望也可配合。

此外我們應當再談一下前面提到的，防止新聞事業托辣斯化這一問題。有人或者以爲這一現象可以用一種法令來予以限制，如限止新聞事業的資本。其實是無從限制的，法令的限制有的是可以規避的辦法，社會在向這一方向發展，自然無從阻止。著者希望限止的是作惡，所以還應從司法獨立這一方面來着想，報紙如以作惡爲目的，自然違法，只希望檢察官能以認眞檢舉來防止就够了。例如惡意的揭人陰私，寫成黃色新聞，檢察官，可以妨害風化起訴，而當事人更可以毀謗起訴，如此政府既未以特別法令干涉言論自由而使不良報紙不能爲所欲爲，才是較有實效的辦法。

總之在未來的中國中，因爲社會的發展是走向資本主義社會，在這社會形態中，希望整個的新聞事業成爲理想的爲民喉舌的工具，可能性是沒有的。在這社會中，只能希望一部分想把中國改建爲更進步的社會的先知先覺所辦的報，可能代表民衆說一些話。所以在這社會中，有志於新聞事業的人遂應設法自儕於改建中國的先知先覺之羣而努力。

在上面雖然著者作了不少的建議，希望未來的中國新聞事業能屬於民衆的百分比增强，但那也只是一些希望，希望與事實之間，自還有相當的距離。

讀者如果是有决心想獻身新聞事業的，希望能好好體會以上各章中所述的要點，了解今日的新聞事業不一定都是有利於民衆的。獻身之前，一定要認淸自己到底是爲那樣的一種新聞事業而預備獻身！在今日雖作不到使每個老百姓都能利用我們辦的報紙，但至少我們的工作，不能不是爲了人類的合作，不是爲了人類的進步！

第七章　今日中國報紙的新聞來源

在第二章「新聞學研究些什麼」中，曾把本書要研究的問題分爲兩部分，（一）研究報紙的發生發展過程，尋求其運動法則，而決定今後我們應當如何正確的把握他，使他在人類社會中發生更宏大且絕對有益的作用。（二）爲建成前一目的，還要研究報紙的製作報社的管理技術。關於前者，在本章以前已大致說明，本章以下所研究者，皆屬於第二部分。

最先來研究報紙製作的技術。在製作的技術中，先談新聞的來源。

報紙中的新聞從那裏來的呢？大別爲以下四類（一）新聞通訊社，（二）自己的外勤記者，（三）職業的投稿者，（四）讀者的報告。

在中國，上述的四項新聞來源現狀如何？容在以下作一簡略的敍述。這是在中國想研究報紙製作技術的人所必具的常識。

（一）中國報紙的新聞來源大半是靠了通訊社，國內新聞歸中央通訊社獨家供給，沒有其他的通訊社可與競爭，前面已經說過。只有一二家報社爲了補中央社消息之不足，偶經電報局由他地的分社或特派記者拍發很少字數的專電，成爲該社的特點，但這已是鳳毛麟角般的罕見了。國外新聞，過去，因爲中國是半殖民地的地位，歷來是列强有關的各大通訊社的角逐場。在七七以前英國的路透社，美國的合衆社，法國的哈瓦斯社，德國的海通社，日本的同盟社，蘇聯的塔斯社，都在中國發稿。這種發稿因爲中國新聞事業落後，他們能收到的稿費極微，當然賠累甚鉅，同時他們深知中國自己的通訊社，講不上有世界新聞網，不怕他們的新聞宣傳不能支配我們的報紙，於是經中央社之交涉，英國的路透社，美國的合衆社，法國的哈瓦斯社，逐漸都將在中國的發稿權，讓給了中央社，由中央社代發。中國報紙上一條國外新聞前頭所加的：「倫敦×日中央社路透電」，「華盛頓×日中央社合衆電」，就是說那是路透社，合衆社的電報，但已歸中央社代發的意思。中央社代發各該社稿，須付各社以稿費，然後再向中國報社收取稿費以爲補償。但所收尚不如所付者之多，同時却增加了翻譯抄寫印送的工作，中央社有什麼代價呢？就是她取得了刪改有關中國的新聞的權利。同時爲此，中央社對中國報紙的重要性，亦日漸增加。

現在德國海通社日本同盟社都因已成交戰國的關係，而不能在中國發稿，盟邦在中國有新聞通訊社，而未交中央社代發稿的只有蘇聯的塔斯社了，聽說也曾談過，只以雙方意見未臻一致，所以未成事實。

路透社合衆社稿交中央社代爲發稿的結果如何呢？這由桂林的報紙方面上的現象，可以獲得答復。目前桂林數報中的「〔重慶×日×時×分專電〕倫敦訊：」或「〔重慶×日×時×分專電〕華盛頓訊：」前者就是路透電，後者就是合衆電。爲什麼桂報要弄這一套玄虛呢？那是因爲這類電報比中央社發稿要早一天。爲什麼早一天？因爲這些電報是由該兩社的遠東局，（過去設上海，現設加爾加答。）以無線電拍給中央社時，桂林報紙用收報機由天空中收來，自己譯出發表的。這種電報有兩項好處，（一）是時間提早一天，（二）是有時中央社不發表電報，桂林可以看得到。但也有缺點，即收電時或有收不完全的時候，遺落幾句就要少看幾句。爲什麼中央社不也提前一天發稿呢？新聞的時間性，本是應當爭取的，據說是因爲人力和有的消息須向中宣部請示應否發表的關係。

在中國報紙上發表的國際新聞通訊，除由上述的通訊社供給外，自第二次世界大戰爆發，盟國關係日密之後，在中國的英美蘇大使館中都設立了新聞處。英國且在桂林昆明成都設了分處，美國也已在桂林設了分處，並擬在蘭州等地都設分處。這些新聞處的目的，是爲各該國自己在中國作宣傳。但各國的新聞處作風不同。英國新聞處注意在自己發行刊物，英文的每日公報，爲學生準備的英文週刊，中文的週刊，英文的宣傳小册子等等，對中國報紙沒有多大的幫助。美國新聞處，利用戰時交通的困難，美國雜誌不易運到中國，除發行一種英文半月刊「美國文摘」，報告戰事新聞外，並介紹一些美國重要雜誌中論文的摘要。此外尙自譯一些美國重要雜誌論文，分送中國各報，這種材料很受歡迎。蘇聯新聞處也發行了一種「蘇聯的新聞與意見」的英文刊物，在重慶以外的都市，現在很少看到。這三國現在還與中國各報約定，可以特別供給一種新聞。這種新聞多是各大通訊社未發表過的社會情況或特別的戰事新聞，在桂林報上看到的：「重慶英國或美國大使館新聞處×日致本報專電」，或「古比雪夫蘇聯情報局×日致本報專電」就是這類特別供給的新聞了。這種新聞處在第二次大戰中在中國的發展，和戰後是否仍能繼續，都是很值得注意的。

中國報紙中的新聞，靠通訊社供給者，除了上述各項之外，還有一些小的地方通訊社專供給地方新聞，這些地方通訊社，過去在各地都很不少，尤以北平上海爲多，可是近年來已一天比一天衰微。第一因爲抗戰以來各大報的篇幅，都已縮減爲一大張，地方新聞已無地位容納，即或刊載，亦多縮爲二三十字之簡訊，因此地方新聞已似可有可無，地方新聞通訊社，自不能由報社方面獲得較多之稿費。再則過去此類通訊社之經費來源，或受地方政府之津貼，偶爲地方政府作些宣傳，現報紙已很少採用地方新聞，於是此類通訊社之另一經濟來源亦被阻塞。

本來新聞通訊社這一事業，在營業上本是較難獨立的，在國外新聞通訊社多與大報社有關係，如美國霍華德系新聞事業，有數十家報社，亦有若干新聞通訊社。而此類新聞事業多爲股分有限公司，通訊社虧累，報社贏餘，可以報社所得挹注通訊社所失，即使兩皆虧累，此類公司之股東多爲經營其他事業之大資本家，新聞事業所發生之影響，如有利於彼等所經營的其他事業，他們也願以其他事業之所得，彌補辦新聞事業之所失。再者外國商業機關乃至個人，爲求迅速了解時事之變轉，多有私人或機關訂閱通訊社稿之習慣，因爲有通訊社稿比看報，往往可快六小時至十二小時，通訊社亦可由此而獲得較多之收入。

在中國，新聞事業，把牠當作一個企業來經營的觀念，在一般人心目中尚未形成。所以到今天牠還是有政治野心的文人的事業，如無政治力量的支持，資本上已很感覺困難。尤其辦通訊社，政治新聞社，因中央社之有特權，無從與之競爭。辦地方通訊，報社之外，私人或機關爲早得消息而訂閱通訊社稿的，簡直可說沒有，這樣通訊社差不多等於是沒有收入的事業，同時還不免要受政治的壓力，自然非有至大決心的人，誰也不想再辦這種事業了。所以中國的新聞通訊社事業，非到戰後決無蓬勃發達的可能。

在桂林現在有的通訊社，利用報紙不注意經濟行情這一弱點，而專注意報告行情，曾有相當的成功，有許多商家已願訂閱這類通訊社稿。這種通訊社稿，爲求便於訂閱者閱讀，已在計劃改用鉛印，並擬招刊廣告，是這類通訊社稿本身已漸將變成報紙。而桂林晚報由一家增爲三家之後，新聞來源不多，於是除了在地方性新聞方面競爭之外，經濟行情新聞也成了他們的競爭對象，於是那專報告經濟行情的通訊社，自亦會受到影響而感覺發展不易。

是以今日中國報紙之新聞來源，由新聞通訊社獲得的，可說只靠了一個中央通訊社，（各大都市凡設有中央社分社的地方，該社同時亦發地方新聞稿，這也是使其他地方新聞通訊社不易存在的緣因。）沒有了中央社，即將沒有報紙，並非過甚之詞。

（二）談到現在報紙靠自己的外勤記者而獲得的新聞，在政治的和經濟的兩重限制下，很不容易有很好的收穫。在戰爭中，本來新聞事業最易獲得發展機會，但是這一次反納粹法西斯的戰爭，對中國新聞事業却沒有什麼裨益。中央社，中國的國家通訊社，雖在華盛頓，倫敦，加爾各答有了一個特派記者，莫斯科亦將派人前往，但是與外國新聞事業比，那眞差的太遠了。現在世界的主要戰場上，蘇聯前線，西西里，梭羅門羣島，愛留申羣島上，那裏沒有外國各大報記者的足跡，中國却沒有一家報社有那種經濟力量派得起一個戰地記者去採訪各主要戰場的新聞，就是中央社，都沒有派一個人去作這件工作。不必說國外，就是國內戰場上，現在的戰地記者，反比戰爭的初期減少了，只在有了一次大捷之後，才叫記者去看看戰後遺跡，爲什麼報社不注意前線？這大約不完全是經濟的原因！

現在中國報紙的外勤記者活動，大致可說是限於地方新聞。地方新聞通訊社被環境淘汰了，地方新聞有的仍很有價值，只好由報社的外勤記者自己追求，這是外勤記者的一種任務，還有就是爲遠地的報紙寫寫通訊。例如把重慶的政治經濟社會現象，每隔幾天撮要寫給桂林報紙，或把桂林的政治經濟社會現象，每隔幾天寫給重慶報紙，像桂林大公報刊載的「子岡」的重慶通訊。在不變的報紙紙面上能有一篇活躍的通訊，自難怪牠受讀者的歡迎了，這是外勤記者的又一任務。還有外勤記者奉報社派出外旅行，例如在西南或西北一帶視察各地情況，隨時隨地寫報社寫旅行通訊，這又是一種任務。但是爲了旅行需錢，旅行時交通也不容易，寫回來的通訊，又不一定能够通過新聞檢查，負這類旅行任務的外勤記者，也與日俱少了。

是以今日中國報紙之新聞來源，由自己的外勤記者獲得的實在很少。現在報社的外勤記者，在本質上已逐漸的變成了報社的外交代表。一個普通外勤記者現在如果由他自己主動去想見一個要人，多半是見不到的，只有要人在某一場合，需要記者去代寫宣揚的時候，自會有請柬來邀約，外勤記者奉召而去，或者吃一次茶，或者吃一餐飯，或者看一次戲，盡歡而散歸來，想一想材料可寫的很少，少頃中央社稿已到，一切盡在其中，當然已可不必多事。總編輯精細的，爲求正確，也許交還位記者將中央社稿再斟酌一次，不精細的問一聲，還有沒有其他材料可寫，回答一聲沒有，外勤記者已可去睡覺了。這不是更多像一些外交代表麼？

還有外勤記者旣採訪不到重要政治經濟新聞，只有注力於地方新聞，好的地方新聞也許要暫緩發表，不重要的地方新聞，報紙又無篇幅可以容納，外勤記者如果不充外交代表，差不多也就再沒別的用處。國際間有許多有名的外勤記者，國內却寥若晨星，這並不是中國無人，實爲環境所限，即有傑出人才，也會棄而之他了。

（三）中國報紙之由職業的投稿者，獲得新聞，素來就很少，因爲職業的投稿者在中國還沒有過什麼傑出的人才，引起過報社的注意。在過去的上海北平等報紙中心區，曾有過一些職業新聞的投稿者，所投稿件多半是地方新聞。他們自己多半在上海，北平，或其鄰近各縣的市縣政府警局偵緝隊之類的機關工作，爲了職業的便利，常常可以早知道許多當地地方新聞的發生。他們旣不想以此爲專業，所以不擬辦一個什麼通訊社，而以個人的名義與報社接洽；報社不一定注意他們寫的稿件，因爲這些人往往文字都寫不清通。在都市中，報社要靠他們得到的是線索，然後自派外勤記者去採訪，所以有時他們打來一個電話，也可以得幾塊錢的稿酬。外縣的投稿者寫來稿件，也只取其事實，其文稿則必代爲從新寫過。

這種職業的投稿者與外國的 Free Lance Writer 當然完全不同，雖抗戰以來，這類職業的投稿者更少了，因爲在軍事時期洩漏消息這種問題，在不是法治的國家中，可大可小，許多小公務員，已不敢爲戔戔的稿酬，不惜以身試法了。

是以中國報紙之新聞來源，由職業的投稿者供給的，已日見其少。除非新聞事業，獲得了大大開展的自由，中國的職業的投稿者，怕也只有與日俱減！

（四）報紙如果歡迎讀者的報告，他從讀者方面獲得的新聞一定不少。中國報紙的讀者雖不如外國讀者，看報之後有意見想發表便寫給報社的習慣，但是肯寫的讀者仍然很多。不過讀者給報社寫報告，並不是爲了稿酬，而多是爲了伸張正義，例如某一新聞，其眞正發生的緣因，並非如報紙所載者，甚且完全相反，讀者寫信來指出眞象，如果報社能够刊出，自然鼓勵了所有的讀者，認爲該報社是伸張正義的工具，以後他們遂肯義務的作你的外勤記者，隨時有新聞他們都會報告你。一個報紙能擁有讀者作牠的通訊員，就是有了最有力的通訊網，多么大的報社也決不能使他的通訊網，遍布各職業界深入各階層，像有讀者肯爲牠作通訊員那樣普遍。所以讀者的報告，對報社，才是最珍貴的新聞來源。

但是這種報告不是每一個報社都能獲得的，一定是那報社，先能取得民衆的信仰，相信這一報社是屬於民衆，肯爲民衆講話的機構。那民衆的報告才會自動的來。並且一個報社如果已擁有了爲他報告新聞的讀者，一旦該報社背棄了民衆的利益，在紙面上被讀者察覺了之後，牠也就立刻失掉了那完美的通訊網。

不過在中國的當前環境中，一個報社，想建立這種完美的通訊網，可能性是很少的。所以事實上中國今日報紙中的新聞來源，是得自讀者的報告的也非常之少。現在報紙可能得自讀者報告的，只是一些小事，因爲一些小事還能發表，於是這類報告在報社中也就源源而來。不過即使是一些小事，我們也可以看出來其中牽涉着許多大的問題。所以這些小事，在今日報紙中也是珍貴的材料。在未來的新聞事業中，每一個在新聞事業中服務的青年，都應當希望他自己所辦的報紙，多有讀者報告的新聞。這樣所辦的報紙，就比較接近報紙所應肩負的使命了。而要取得這結果，自然是自己先要肯爲民衆服務！

第八章　什麽是「新聞」和「記者」的任務

前章中說明了今日中國報紙的新聞來源。假使我們辦報，是不是能相信這些新聞來源所供給的一切新聞？當然不能一概相信。如果有所選擇，那麽最基本應當追求的，却是「什麽是新聞？」這一問題了！我們必須先有判斷新聞價值的能力，然後才配作一個新聞記者。所以本章內我們將來探討這一問題！

「什麽是新聞和記者的任務！」

爲答復什麽是新聞這一問題而寫的定義，很容易的可以找出來幾十個這類定義，多半是美國的新聞學教授，著名新聞記者所擬定，我們的新聞學書籍也多相沿引用，如說這是美國××博士所下的定義，似乎已爲不易的定理。事實上，那許多定義因爲作定義者的觀點不科學，自然所爲定義不免多半似是而非。

有的著眼於「新」，以爲新發生的事便是「新聞」，繼而覺得未免太寬泛了，一定要給牠加上一個限制，如說「新發生而有價值的事」就是新聞；再如說「新發生而有興趣的事」就是新聞。

這種種定義的製訂者都是拿了一張美國報紙，想絞盡腦汁定一個定義可以包括了那報紙中所報道的一切現象，其實這方法已根本錯誤了，自然求不出來一個好的結果。

例如一位美國新聞學者 H.Danis 曾給了我們這樣一個定義，說明什麼是新聞。他說：「狗咬人不是新聞，人咬狗才是新聞。」這當然是一個很聰明的定義，可是從正確的觀點來看，狗咬人是常有的事，固不算新聞；但如果一個人爲了開玩笑，爲了報復，狗一咬了他，就把狗抓來咬牠一口，這又有什麼新聞價値？當然在美國，如果有一個人咬了狗一口，而那個人又稍有點社會地位，經外勤記者拍來一張照片這個人和他咬過的狗，那說不定在全無重要新聞的某一天美國報紙上，可以作「頭一條」（Head Line）新聞！但是如果我們仔細的想一想：這樣的新聞，人類知道或不知道又有什麼關係？所以製訂「什麼是新聞」這個定義，我們一定要能跳得出美國新聞學者所理不淸的那個舊窠臼。

而最重要的是不要想一定要包括得了今日報紙上所有的一切內容，而忘掉了報紙眞正的使命。所以我們對「什麼是新聞」的解答是：

「凡世界上新發生的新發現的與人類生存有關的事實與現象，都是新聞。」

世界上一切事實與現象一定要與人類生存有關，人類才會注意，這是毫無疑問的，如與人類生存無關，人類在求生存極爲忙迫的世界中，那裏有時間去注意那些，他不相干的問題！據此原則來判別，凡與人類生存有關的新發生新發現的事實與現象，就是值得在報紙上報道的新聞，凡與人類生存無關的，就不是新聞，自最正確。

這樣說來似乎新聞的範圍太廣泛了，是的，人類愈進步，他們的生活範圍愈接觸的廣泛，所應當要知道的愈多。凡世界上人類留意到的問題，往往都有新聞價值，決非每日的報紙所能盡載，是以報紙所應刊載的並不是人類間每日發生的全部新聞，而是刊載與人類生存關係最直接最密切的新聞。除了一些最直接最密切，爲每一個人類都應當知道的新聞（如第二次世界大戰中各戰場的戰況）外，其他的次要新聞則將依時間空間之不同　報紙亦不能不有所取捨。

試舉路透社合衆社的向世界各國供給新聞爲例，除了最主要的有世界性的消息是世界各國都供給而外，其他次要消息，他們就要選擇了。例如一個美國空軍在中國作戰殉職，在中國美國，他要詳細報告死者姓名殉職經過，但在其他各國却沒有那麼詳細報告的必要了。再如美軍工兵中，華籍雇員楊固，在檀香山擊敗非人對手「達多」，爲檀香山拳鬥委會承認爲世界輕級拳鬥冠軍，這消息在中國在檀香山可以發表比較詳細的報告，其他各地甚至可以不必報道。爲什麼有這區分？還不就是基於與人類關係是否直接，密切以爲斷麼？

什麼是新聞這問題解決了，下面的問題就是新聞記者應如何處理新聞了：

當我們辦報的時候，第一我們要有一個主觀的認識，——希望所辦的報紙有益於人類。如沒有這一主觀，你的報紙就可能是在無形中受別人支配着的報紙，或是成了應聲虫報紙。

有了這一主觀，你在從各種新聞來源那裏得到了各種新聞後，一定還要很淸醒的記得那些新聞的能到你的面前是經過某些人的選定才送來的，這新聞中已含有兩三重的他人的主觀在裏面，那就是寫新聞的人的主觀，選定新聞的人的主觀，還有通訊社中作初步編輯工作的人的主觀，所以對每一條新聞，我們不但不應當叫我們的主觀爲那通訊稿的標題所左右，也不應叫選送那條新聞到你面前和那寫那條新聞的人們的主觀所左右，必須這樣你才能辦的出來一張好的報紙。否則在紛亂的新聞稿中，你就往往會失迷了你自己。中國的新聞事業現在顯然在各方面都需要有一次革命，這革命將靠了許多有志於這一事業的靑年來參與才得完成。這些應當革命的地方，在後面，將逐一的談到。現在仍轉回來談本題。

讀者讀到這裏也許會若有所悟的想到，你自己明白了，著者是在提醒大家，作記者時不要受了他人的「宣傳」的騙。這領悟却仍然有點似是而非，請看以下的解釋便可了然。

「宣傳」兩個字，在中國一般人的心目中，漸漸的有了「必非事實」的註解。這實在是一件很不幸的事。也是一件必須從事實上予以糾正的現象。

宣傳的意義，照著者的理解，應當是把一樁不爲一般人所了解的事實或一種現象向一般人詳細說明。宣傳一定要有根據，宣傳的話要不比原來的事實或現象的眞實性少一分，但也不能多一分。所以宣傳本是一件以先知，知後知，以先覺，覺後覺的工作，並不是壞的事情。

一件好事，爲什麼叫人類誤解爲壞事呢？這當然有牠的社會緣因。世界各國中的大小希特勒式的人物，都是應負責任者。不過一柄有利人類生活的鋼刀，不能因爲偶有兇徒用以殺人，便以爲這柄鋼刀也應毀掉，只要把牠從兇徒手中奪下，在正當途徑上應用牠就够了。

依照今日人類智能的發展來講，幾乎每一條新聞都可能帶有宣傳的意味，因爲人類已懂得新聞報道在人類中所能引起的影響，他們在寫每一條新聞時，自然會想到牠的影響作用，而不能不加上一些主觀意見，希望能引起如他期冀的影響。所以我們很可以把報紙上的每一段文字，都當作宣傳文字看，於是每一種報紙也都是宣傳的刊物，這並不降低一條新聞或一張報紙的價值。我們所應注意辨認的乃在牠宣傳的是什麼？

如果牠的宣傳目的是爲了求全人類的幸福生活之實現，這種宣傳不正是我們所需要的麼？假使牠所宣傳的是爲了一姓、一家、一個小圈子、一個小團體的利益，那當然應爲人類所共棄！

是以宣傳並不可怕，可怕的是含有毒素的宣傳。

明白了這一切，當我們判別一條新聞的價值時，我們所要注意到的遂有以下兩點：

（一）這新聞是不是與人類的生存，直接或間接有關。那關係對於某些人類愈是直接愈是密切，對於他們也就是最重要的新聞，如果直接密切之外，還有「有益」這一條件，那就是重要的好的新聞了。

（二）新聞的價值除了憑上述的條件決定而外，還有兩點不可缺少的要素：（甲）是新，（乙）是眞。有了第一條的條件而不「新」，當然不算新聞。有了第一條的條件，也新，而不眞，也就沒有了新聞的價值。

什麼是「新」？這個字的意義也需探討一下。一般人的所謂「新」，以爲是過去完全沒有過的才叫新，其實「新」這個字意義也是相對的而非絕對的，維他命學說是醫學界中近年的新發明，但是維他命對人類生存的關連却是由來已久了。所以「新」的意義是對於人類的已知水準而言，假如眞有一個與世隔絕的桃花源，那裏的人不知有漢遑論魏晉，那漢魏晉的一切社會發展，對桃源中人不都是新聞麼？把一個現在人送到與世隔絕的北冰洋荒島去住半年，半年後再回到倫敦華盛頓莫斯科之類的大都市，對我們已是半年前的「舊聞」對他不也還是新聞麼？所以把握「新」的意義，一定要知道以人類的已知水準爲標準，所以有時有些舊知識也可以當作新的有價值的材料介紹給讀者，英美對中國不平等條約的取消發表時，能够重提那些舊約內容，可以幫助老百姓認識那取消的價值；再能指明其所放棄的特權，某某些區域必須我們把從日寇手中收回，才能使那取消條約一舉，變成實惠，這些雖是重述舊事，實有「新」的價值。「新」聞的「新」，應當如此來把握。

什麼是眞？這個字的描寫可以假宋玉的描畫美人的說法來說，就是增之一分則太肥，減之一分則太瘦，施粉則太白，施朱則太赤。也就是所報道的新聞不應比事實多一分也不能少一分，至少是記者要的確忠實於他自己的認識。否則一條新聞，不管有多好的宣傳價值，一旦被人證明全係揑造，那不但未收宣傳之效，反而起了反宣傳的作用。

納粹法西斯的宣傳技術，在過去的確比民主國家高明，且肯努力。希特勒爲什麼喜歡在星期六下午發表重要的演說，他希望世界各國的駐德記者，爲了星期六下午的娛樂，不注意他的言論；翌日在世界各國那已不完全的演說報道，再爲世界人民在星期日的遊宴而忽略。墨索里尼未塌台前，在羅馬出現於民衆集會的時間，常常喜在傍晚，和演戲一樣，爲的是利用燈光，使他在那叫民衆看見他的露台上，更像一個英雄。但是不管他們的技術如何好，只爲了他們的宣傳內容缺乏了「眞」的條件，其宣傳遂完全失敗。這種失敗也是每一個記者必須切記的教訓。

說到這裏，我們已可以作一個結論了。那就是：新聞是「世界上新的，眞的，有關人類生存的事實與現象。」而新聞記者的任務，則是把有益於人類的「新聞」，向大衆宣傳，並指明那含有毒素的新聞的宣傳，使大衆在這宣傳下組織起來，向不利於人類的含有毒素的惡宣傳，作無情的戰鬥！

第九章　新聞的採訪

中國有一句俗諺：「百聞不如一見」，這句話的確是新聞記者最好的座右銘。還有一個笑話可作這句話的左證，有一位太太早起當窗梳洗，看見院中有一條尺許小蛇，不覺驚呼了一聲，女僕跑來詢問原委，太太說有一條尺多長的蛇在院裏。這時蛇已不見，女僕出街買菜，遇見了主人一位朋友家的女僕，就忙告訴她說：「我們太太今天早晨看見了一條幾尺長的大蛇，嚇的不得了。」另一女僕買菜回家，忙向女主人報告：「X太太的X嫂說，X太太今早看見了一條七八尺長的大蛇把她嚇壞了。」這位太太的丈夫，正是一位記者。回來吃中飯時太太就向他報告說：「X太太今早看見一條一丈多長的大蛇，嚇暈了過去。」記者說：「真的麼？」太太說：「X太太的女僕說的還假的了。」這故事就照記者太太的報告寫成，在翌日的報紙上刊出。翌早X太太的丈夫看報，發見大蛇的消息出在他家。便問太太：「為什麼家裏有了那麼大的蛇，你都嚇暈了，我回來你們都不講！」等X太太說明只是尺許小蛇的時候，兩人都笑了。

一條新聞由一張口中傳到另外人的耳中，再由他的口中傳出去的時候，一定會變形，一尺多的蛇變到一丈多，嚇了一驚變到嚇暈，老實說，還不算太走形呢！所以記者對任何新聞，决不能憑傳聞就向民衆報道，一定要抱着百聞不如一見這信條，以傳聞爲線索而更深入的去追求那新聞的眞象。如果肯這樣追求，有幾次那記者便可以基於經驗而不敢相信傳聞了，因爲傳聞與事實間往往會有極驚人的距離。他在追求中可以察覺。

也就爲了這種原因，著者認爲在未來的中國中辦報，最重要的是提高外勤記者的地位、待遇，希望有第一流人材作外勤記者。一張報紙要辦的有獨立精神，即使在言論已可自由的環境裏，如果你自已沒有懂得你的報紙立場的外勤記者分佈各地，那獨立精神是無由發揚的。別人的新聞網都有別人的立場，你所希望報道的消息可能是他們完全不要的消息，也就如此，路透合衆等通訊社特派員雖遍布全世界，可是紐約泰晤士報，芝加哥日報，倫敦泰晤士報在世界各處仍要派自已的特派員，甚至中國也要派專人來採訪。

正是爲此，所以著者在研究新聞學的技術一方面知識時，說明了什麼是新聞之後，便來探討採訪了。

我們希望中國將來的好報紙不只在國內每一都市都有自己的特派員，並以每一都市爲中心，隨時旅行環繞着那都市的各縣鄉鎭；同時世界各國的各首都，至少也要每處有一個特派員。中國一定要有了這樣的報紙，中國才能算是趕上了時代的國家。因爲第二次世界大戰結束後，世界交通將可能步入以飛機爲主體的時代，這一進步使世界的五大洲間的關係會猶如今日中國五省那樣接近。在這發展下，如果中國仍不能了解別人像別人了解我們一樣，焉能不落人後？要了解別人，民衆的國外觀察代表，——國外特派記者，是決不能再不設置了。

外勤記者在中國的未來新聞事業中將會佔很重要的地位，並且將大量的需要，已如上述，於是外勤記者的培養，已爲今日當前的急務。外勤記者，決不是一個中國文字淸通的人便可勝任的，甚至不是一個普通有水平線以上學識的大學畢業生所能勝任的，所以這種人材一定要提早培養，早有這種人材養成，中國的進步都可因而加速。因爲從事實上講，一個新聞記者對人類的影響，比一個大學教授對人類的影響寬泛而迅速。大學教授的直接影響所及，每年至多不過數百，而且他的影響的實效是在下一代。記者的影響每日起碼怕要以萬計，而其影響的實效，且在當時。有人或者要說大學教授的影響深遠，記者的影響浮淺，好在我們的探討並不是要否定大學教授的價值，而是希望大學教授肯到新聞事業中來工作，且不希望關閉一切大學，只辦報紙。至於影響的深淺，這問題實際上也是事在人爲的。中國今日需要急起直追，才不至於望塵莫及，所以我們有時不能不性急不求速效，報紙的影響寬泛、迅速、直接，各點，如不被否認，動員中國第一流人材到中國新聞事業中來，想亦應爲大家所贊同。

第一流人才到新聞事業中來，也需要相當時間的鍛鍊，才能變成第一流的記者，這就和第一流的著名學者，並不一定就是第一流的教授一樣，因爲任何的事業，都需有特別的經驗技術，沒有任何天才可以無師承或不經歷練而自通的奇跡。把外勤記者的要求誇張的說了許多，到底要作一個外勤記者需要些什麼條件呢？如果青年想從事這一工作，應當作些什麼準備？關於這質詢，以下先提出很簡單的三個基本條件來答復。

（一）先說具備的知識。外勤記者須具備科學的基礎知識，尤其是社會科學更爲重要。新聞記者應當是引導人類前進的先鋒，他自己一定要站在時代的最前哨，並對更遠的前線有極清晰的認識。在政治經濟方面，對世界，對中國，沒有一個科學的具體的輪廓認識存在胸中，決不能成爲有希望的外勤記者。所以每一個青年想作外勤記者，一定先要問問自己是否已深切的了然了社會發展的過程；中國今日的社會形質，今後將會如何發展，我們應沿着怎樣的路線，幫助這一發展。有了這樣基礎認識之後，你才有作記者的起碼資格。次於這知識的要求，就是你要有廣泛的常識，不論那一部門的知識你都應當有些概念，因爲記者所接觸的是整個人類社會，什麼樣的問題都可能遇得到，常識不豐便會吃虧不小。有了社會科學的基礎知識，一般常識豐富之外，作外勤記者還需要有專門知識。因爲今後報紙的採訪，一定會以有專門知識的人担負專門的對象，而不會再像過去那樣要求記者萬能了。不過記者的專門仍然是比專門學者的專門要廣泛而多。例如作軍事記者，你應有各類軍事大學畢業生那樣的軍事知識，並須是全面的海空陸都要懂；隨着時代前進的，每一種新的戰略戰術，武器的出現都應立即有深入的研究。再如作自然科學記者你決不能說我是研究化學的，關於物理方面的採訪我不能負責，因爲在未來的中國報社中，即使注意到採訪的分工，怕也還不能分到這樣細密。當然最主要的外勤記者還是政治經濟外交這一方面的需要最高，這一方面的記者也是要有專門知識的。比如你被派到美國去，你只有一般的知識，而對美國的政治經濟等現狀，茫無所知，即使你的認識正確也將荷負不了報社給你的使命。所以在知識方面一個外勤記者須具備的是科學的基礎知識；豐富的常識；某一專門的深入研究。

（二）須具備犀利的深刻的觀察能力、判斷能力。其實已就是前述的外勤記者應具備的知識的發展。有了上述的知識的外勤記者，自然的他就會逐漸由於在社會中的歷練，而養成了這種種能力使一切的新聞逃不出他的掌握。有一些講採訪技術的書，零零星星舉了許多採訪的經驗。例如：採訪時應耐心聽被訪問者的話，沒有意義也要聽。還應當不怕碰釘子之類。這種教導，都是未把握到要點的教導。採訪猶如作戰，戰略戰術只能隨機應變，沒有一定的程式可以預爲指明。你叫記者耐心聽被訪問者的話，如果被訪問者是不肯對記者發一言的人，你想聽，他不說；他不說，你也不說；這訪問局面豈不因僵持而須迅速結束，結果什麼也得不到？其實遇見不肯講話的人，記者多講話，每句話如能都是機智的試探，即使對方仍不作聲，從他的面部表情也可得到新聞的。所以一個記者只要主要的養成了犀利的深刻的觀察力判斷力，他自然會應付一切的局面而用不着枝枝節節的指示。觀察力判斷力是以知識爲基礎的，前面已經說過，不過鍛鍊也很重要，鍛鍊要從實生活的體驗中去尋求，沒有什麽書本可以給予多大的幫助。中國歷史上有一個故事，某朝瀕亡的時候，幾位大臣相約死難。繼而都城果破，甲大臣往訪乙大臣，約踐前言，入門聽見乙在喚家人將豬關好以防遺失，甲立即退出說：一豬尚不能捨，他自己的生命自更不能捨了。後來果然乙作了貳臣。甲的這種觀察力，判斷力正是外勤記者所應具備的。一個作過二十年外勤記者的外國名記者，敍述他自己初任外勤記者的經過說：僥倖得入報社後，被派任藝術批評欄記者。他從來不懂藝術，力陳不能勝任，他的同伴告訴他不要太認眞，致失掉工作機會，並允許幫忙指導他採訪藝術新聞的方法。他的指導是採訪畫展之類的新聞，並不一定需要眞懂。那一個畫展沒有目錄，沒有定價？到會場中依照目錄將各畫看他一遍，回來作批評時，只要說那定價最高的最好，定價最低的不好，決無問題。對定價低的，還可以找他點毛病來說，以示我們眞懂。其實畫家自己定價時的標準，在暗中幫助了我們，這樣作萬無一失。他接受了這指導，幹下去這職業，可是他覺得這實在有點自欺欺人，於是開始攻讀一切研究藝術理論的書，結果他變成了一個眞正的權威藝術批評記者。這樁事實，對只教人以作外勤記者的手法，而不注意其主要知識的養成，眞是一個絕好的諷刺的暴露。所以在這裏我們只說出要犀利的深刻的觀察力判斷力，並指出那是以知識爲基礎的一種發展，至於如何觀察判斷，那却是「神而明之存乎其人」的問題了！

（三）勤奮不怠的工作精神健壯的體格，這本是作任何工作都需要的，不過作外勤記者却更需要，因爲外勤記者採訪，有時和士卒上戰場差不多，不論是風朝雨夕，酷暑嚴寒，或是槍林彈雨，洪水地震，多麼苦難，多麼危險，爲了新聞，决不能偷一點懶，偷懶就一定鬧笑話。中央社的通訊稿尙未能如今日之有力的時候，北平兩家大報都有特派記者在南京。有一次，蔣委員長由京赴廬山，兩家特派記者竟作了不同的報道。甲報說乘飛機，乙報說乘軍艦，甲報以後沒有了消息，乙報還有某日軍艦到九江的消息，送迎的人物都有報道。到底是怎樣去的？後來判明却是乘飛機去。原來乙報記者知道已預備好了軍艦，就去叉麻雀，不再追訪後果，甲報記者不能放心，不斷的探詢，獲得了改乘飛機的最後消息。乙報記者雖然很技術的再報告到達九江，以遮飾自己的過失，然而事實終不會爲謊言所掩蔽，乙報記者的聰明只成了新聞界中的笑柄。而能够吃苦，有能够吃苦的體格，更爲重要。熱河失陷，記者有的狼狽到連皮鞋衣物完全失掉，頻於討飯，才逃到赤峯探毆英軍中。台兒莊突圍，記者有的竟須化裝賣雞蛋，繞道上海香港再回內地。不說戰爭，就說平時採訪一條社會新聞，也是工作勤奮的人結果優越，而工作勤奮的資本，却是健康的體格。不說採訪新聞，就說新聞已有，過去爲了叫通一次京滬長途電話，報告消息給報社，記者臥在電話局長凳上等到傲曉才通話的事，也常有。不勤不壯，如何作的到。「健全之事業寓於健全之身」，確是正適於外勤記者的格言。

有了以上三種基本條件之後，一個人才能作一個外勤記者。而作了外勤記者之後，有兩點必須切記：（一）不要隨處都以記者的資格出現，而應處處都是普通民衆，這樣才易於獲得有價值的新聞。除非作一種正式訪問，「記者」這塊金字招牌，只有把新聞嚇跑的功效。即是作正式訪問也以採朋友閒談的方式，比一手執筆一手執紙，隨問隨寫的錄口供方式，易於得到有價值的新聞——這情形在目前的中國，更應特別注意，因爲中國人還很少懂得記者的任務是什麼？

（二）採訪新聞應當爭取主動，社會中突發的事件到底很少，突發也往往是由量的漸變達到質的改變的結果，所以記者應當隨時隨地的找新聞，而不要只等新聞發生。並且所有的新聞採訪，要想獲得良好成績，一定要有事前的準備，比如一個外國經濟學家到中國來考察中國幣制，以爲戰後世界幣制變革的參考，如果你對這一問題毫無研究，冒然去訪問，他和你談起來發見你一無所知，自然對這訪問不感興趣，如果你事前曾有研究準備，提出許多問題來，頭頭是道，他自然要有更多的議論發表。採訪不只事前需要準備，事後寫稿時也往往需要參考。有本領的外勤記者並不一定要提出來太多的問題，只扼要的問若干點，也可能寫出來一篇較有系統的長報道。這都是作外勤記者能在採訪工作中爭取主動的好處。是以等新聞發生再去追求，和守株待兔差不多。主動的採訪，才是現代的採訪方法！

構成主動的採訪的條件，就是口勤，手勤，腿勤。也就是（一）遇事不妨多徵詢別人的意見，說不定由別人口中會有新的收穫。（二）隨時翻閱自己感覺應當參考的書報，隨時摘錄應當記錄下來的材料。這種記錄到了時效適合時便會有用。例如每月初把這個月中全世界的紀念日査考一次，錄下來應當在中國報上寫紀念文的日子，屆時找有關係的人發表對這紀念日的意見，往往會變成極有價值的新聞。（三）隨時多去訪問應當訪問的地方。比如中外同業聚會的中心，是應當常去的地方。固然打一個電報給一個同業也可以知道今日大家採訪的情形，可是你去一次，却說不定在那些情形之外，還有新的收穫，是你憑電話所得不到的。

第十章　怎樣寫報紙文字

前章說了新聞的採訪，本章就來談新聞應當怎樣寫，因爲採訪若有所得，底下接連着就是應當怎樣寫了。

談到寫新聞，著者想先跑一次野馬，說一些更遠的問題。

在前面本書曾强調報紙應爲人類相互報道消息提供意見的工具。現在報紙只爲單方所利用，民衆只成了接受者，我們應當糾正這種現象，然而這件事不是可以一蹴而就的，因爲這問題要配合着整個的社會問題的發展而發展。現在我們要說在中國，報紙之爲單方利用，除了上述的困難之外，還有一個更困難的問題，就是文盲的問題。而中國的文盲問題又和他國的文盲問題不盡相同，那就是中國的文盲所以多，除了一般與他國相同的原因外，還有一個中國文字的確困難的問題在。

在世界各大國中，文字依然保持着由象形文字演變而來的傳統的，中國已是惟一的國家，其餘的已都轉向拼音文字了。中國就爲了這一獨特的發展，遂使大部分的老百姓更難接近文化。遠在民元之前已有許多有識的學者，想把中國文字改爲拼音文字。但是這話一提出來，便被士大夫階級駡一個狗血淋頭，說是居心不良，想滅絕中國文化，以致辛亥革命之後，提倡拼音文字的人，也只能說目的只在「注音」，更進，連注音的作用，也不爲教育當局所重視。中國文字的拼音運動，遂又擱淺下來，雖然在民間這要求仍很強烈，但以得不到政府的支持，自然難得普遍而迅速的發展。

五四運動曾給中國提出來語文統一這一課題，胡適之等的白話文運動在中國顯然收到了相當的功效，可是白話文運動，並不能達到中國語文統一這一目的，也是很顯明的。白話文是新文言，現在已爲全國識者所公認，要想不改變方塊字，而在中國掃滅文盲，誰也曉得那是多麼困難的事。

中國的文字的發展，既差不多是把大部分民衆關在大門外的一種特殊發展，在中國辦報用的也是這種文字，那麼怎樣叫老百姓變成讀者已成問題，他們不只談不到利用報紙，連接受報紙的宣傳都有困難。所以報紙在中國，事實上和大多數的老百姓都沒有什麼關係。新聞從業員只是爲小資產階級以上的知識份子而服役，這是我們有志於新聞事業的人，所不可不首先注意到的問題。否則一天口上喊着我們辦報是爲了大多數民衆，實際上却有類「單相思」，豈不成了笑話。

著者對於在中國辦報，鑒於中國的環境特殊，素來主張辦兩種完全不同的報紙，一種是爲小資產階級以上的知識份子辦的，就是現在社會上流行的這種報。另一種是爲老百姓辦的報，這種報要完全與現在的報紙不同。這後一種報紙完全不能是營業性的報紙，而應爲政府的普及教育工作的一個構成部門。這種報紙，應採用一種在中國目前最進步的拼音文字，作爲牠的報道工具，即或是這種文字尙有缺點，用爲報道工具，在實用中一定可以逐漸改進。這一工作同時自應伴隨着向民衆推行拼音文字的速成班共同進行。以一種拼音文字教導民衆會寫會讀，每天一小時，二週至四週，可以完成。跟着就有一種讀物，——報紙可以看，那一個民衆不願意用這短短的時間來學習？

這種報紙當然須完全以地方的口語寫成。民衆拼的出，讀的出，就可以懂。而且對於一切稍微難懂的詞句，都應加註解說明。報紙的新聞不求詳多，只求大事不遺漏，附帶着可以副刊介紹農業衛生常識，言論則完全以講演的口語，解釋國內外政治經濟大勢，地方新聞要多一點，但含毒素的地方新聞不要。如此民衆教育的普及，自然可望藉這報紙而迅速推進。

在初期這報紙是全要靠政府的經費支持的，但到相當的時間之後，牠也可以靠了營業而存在。因爲初期恐非贈閱，民衆不會要看，等到看成了習慣，「欲罷不能」，叫他們訂閱也就肯了。

這種工作決不會像某些人的誤解，以爲牠會不利於中國的文化，甚至也不是不利於方塊漢字的。因爲這種拼音文字把文盲領導着接近了文化之後，他們一定希望能接受進一步的文化，在目前的中國環境中要接受進一步的文化，自然非學習方塊漢字不可，因爲不論什麼書籍都是方塊漢字寫的，不識方塊漢字就只好望洋興嘆了！過去提倡拼音文字的都以代替方塊漢字爲口號，那實在是一個錯誤的口號，事實上拼音文字決不會一下子就能取漢字而代之。舉白話文之擬取文言文而代之的例子來看，就是很好的說明。

白話文流行了，但是文言文並未完全滅亡，要進一步研究中國文化的人，還是要懂文言，又才能達成他的目的。所以拼音文字就是在中國推進成功，方塊漢字也和文言文一樣，在中國仍有牠的地位。何況漢字與文言文比，漢字比文言文的地位更重要的多，所以愛護漢字者，對拼音文字的推行，也用不着懷什麼杞憂。

依著者的理想，這種報紙的建立，應在一個全國性的掃除文盲總機構之下，聯合拼音文字的研究機關共同進行，這樣不出五年，中國的文盲可以大部廓清，而素與報紙無關的民衆，至少已可接受報紙的宣傳，政治的領導如果進步甚至已可運用這種報紙來表示他們的意見了。

著者懷着這麼一種意見，所以對一般人喊的希望現在社會上流行的報紙大衆化這一口號，以爲是一種「清談」根本不能實現，或者也可說，喊口號的也未想到如何去實現而不感什麼興趣。因爲很顯然的，即使你把報紙上的文字完全改寫成口語，（這並不可能，詳見下文），民衆不識字，除了有人讀給他們聽，否則對他們仍然毫無裨益。如果有人讀，那他自然會譯成口語，又何用記者寫。再說寫口語，一個全國性的報，寫北方話，還是寫其他的方言？結果必然是作不通。著者曾有過實際的想大衆化而不可能的辦報經驗，所以才提出來上述的主張。

以上的話雖是野馬，但對新聞的寫法，却也有很大的關係，因爲有了這一段話，第一是確定了我們所探討的寫新聞，是給什麼程度的人看這一問題。第二是更闡明了以前我們說過的要報紙成爲民衆的工具，不是一蹴可就的事。卽在技術問題上，也有很大的困難存在着。

現在可以來正式討論新聞的寫法了。

目前的報紙既然是爲小資產階級以上的知識份子而辦，那麼寫新聞時，自應以他們爲對象而寫，並且事實上已是在爲他們而寫。不信試翻開今日中國的報紙來看那文字的水準，不是很顯明的表示着他們是屬於社會上那一類人的麼？

假使很細心的分析一下今日報紙上的文字，我們會立卽發見報紙上文字的多樣性。文言，白話，半文半白，各式文字都有。扼要的說來，電訊多用文言。社論則用淺近文言的較多。社會新聞也多爲近於白話的淺近文言。純用白話的，只有特寫通訊和副刊中的文字。

爲什麼一張報紙上文字這樣龐雜，不能把牠「劃一」一下麼？這問題，胡適在約十年前在天津大公報上曾一度提出來過，他責備中國今日的新聞從業員不擁護白話文，爲什麼一定還有許多新聞要用文言寫。著者曾在當時的一個新聞學週刊上，寫過一篇文章，說明新聞記者也有他們的困難。

電訊新聞爲什麼還用文言或近於文言的白話寫？大約有兩種原因：

（一）是社會的原因：因爲社會上還有一部分人必須用文言發表意見，報紙既負報道這社會中的一切新聞的責任，自不能不如實的以文言報道。爲什麼有人必須以文言發表意見，那「必須」的原因，就是用文言說假話有時亦能很堂皇。白話到底與口語接近，如沒有眞感情就寫不出來好文章。試以祭文、應酬信爲例，用白話兩三句可以說完的話，用四六，可以寫一大篇，讀起來也比白話好聽，準此推廣，要騙人的文章就不能不用文言。（這種文字，如辦拼音文字報，就只好譯其大意而不用原文了）。社會現象如此，所以報紙上也就一時不容易叫文言絕跡。

（二）是經濟的原因：因爲新聞要用電報傳遞，自以力求簡單爲上，文言比白話省字，所以電訊遂全以文言爲主。社會新聞爲什麼也用文言？那是因爲一方限於報紙篇幅，文言可少佔地位，一方也是受了電訊報道的影響，好像寫新聞已有了一種腔調（文體），不自知的，記者就寫成了那種樣子。

爲什麼特寫通訊和副刊中的文字又是純白話的呢？

這是因爲特寫通訊副刊文字都要求生動，而不再像新聞目的只在說明白一樁事，於是遂非白話文不可了。

目前報紙中文字體例最不一定的是社論，有的用文言，有的用淺近文言，有的用白話，不過在百分比中，大約還是用淺近文言的較多。

說到這裏，著者又想說幾句題外的話。那就是到底文言與白話的區分，其定義是什麼？這一問題。是語助詞用「之乎者也」的是文言，「的麼呀呢」的便是白話麼？還是近口語的才叫白話，否則便是文言？這一定義本是很難下的。以白話文譯西書，譯出來的一些並非中國習慣口語的白話，（並不一定是譯筆不佳，或以中國沒有那種語彙，非新創造一種新語彙不能達意，而這種新語彙有時可以經報紙雜誌之經常應用，遂在社會間流行。）算不算白話？報紙中爲節省電費及篇幅而形成的一種近白話的文言，算文言還算白話？這都是要研究語文學的朋友們來替我們負責解答的問題。依著者個人的看法，以爲白話文運動推行至今，中國的文字（寫出來給大家看的）顯然形成了一種新的文體，所謂白話既不是純粹口語，在運用中最初大家有意的力避文言的傳統，用之日久，文言的遺產終不可免的襲入白話文中而形成一種新文體，——我們就叫他新文言吧！現在寫新聞用的文字，就是這新文言中之一種。而這種新文言的形成，乃是由梁啓超、胡適，還麼一個傳統演變而來。所以我們很可以換一種看法，就是正眞的白話文，尙待我們創造。（新聞記者對人類語文的影響，比語文學者要有影響的多，是記者所不可不知的事。）現在報紙上應用的都是新文言，所不同的只是「文體」而不是「文的本質」。

如果承認這一假定成立，那麼我們可以進一步說，報紙中現在用的新文言可以分成下列幾類：

（一）報道記事體：國內外新聞電訊，社會新聞報道，乃至廣告文字（廣告費以地位計算，使寫廣告者不能不效仿電訊之力求節省文字。）都屬於這一類：

（二）抒寫體：特寫通訊，副刊中的文藝性文字等屬於這一類。

（三）議論體：社論、短評、以及副刊中的學術論文等都屬於這一類。

報紙中的文字經過了如是的分析，那麼當採訪得一項新聞時，只須決定你想把牠寫成那一類新聞，就寫那一種文字。新聞的寫法，已獲得第一步的解決了。

報紙中文字的上述三體，在文體上到底有些什麼區別，什麼原因構成那些區別，自是初學寫新聞的人所願了解的，現在也分別加些說明。

（一）報道（記事）體的文字，應當作到「言簡意賅」四個字。如此（甲）經過電台拍發，可省拍譯時間。（乙）在報紙中印出時，也可節省地位。不過簡雖要簡，却不能簡到失掉新聞四要素的任何一點。所謂四要素，就是外國記者的所謂四W。即：何時、何地、何人、何事。（When; Where; Who; What.）社會新聞雖多不須經過電台，但為節省篇幅，也需竭力寫短。這類文字沒有什麼難學的地方，有文字的修養，多看報，即可無師自通。

外國的新聞電訊，爲省電費，文字極簡，刊載的時候，皆經重寫以求讀者易於了解。中國新聞電訊都是照原樣付刊，這點實應效法外國的例子改良，這點容到下章論編輯時再說。

（二）抒寫體的文字，即是寫特寫通訊，也應和寫文藝差不多，新聞四要素，雖然一樣重要，但所專住的却是描寫一種事實或現象的氣氛。這意思並不是可以儘量把文字拖長，而一樣需要惜墨如金，只是在不應惜墨的有用描寫上，才儘量的多寫。寫這種文字並不像寫普通新聞一定要平舖直敍，怎麼奇峯陡起的寫法都可以。在描寫的主題上也一樣的有充分的自由，不像普通新聞的對「人」或「事」是否「重要」非常注意。儘可以寫一種很平淡無奇的人或事，只要能反映出來一種意義，就是好的文字，而這種文字也往往比重要新聞報道，更能引人入勝，發人深省。所以在這一類文字中，才是新聞文學家發展他們的天才的馳騁場，也就是報紙與報紙間競爭的一個主要部門。

但是假使這類文字寫不好，如主題的選擇沒有意義，或描寫的技巧平淡冗長，那就畫虎成狗，也就變成了報紙中浪費篇幅的可厭文字。

所以這類文字怎樣才可以寫的好，决不是在這裏三言兩語所能說盡。一個人要想作一個好特寫記者，至少必須有前章所述的外勤記者應具的基本條件，然後還要有文藝的深刻修養，才可一試。如果想找些模範文作參考，著者願向讀者推薦在中國容易買到中文譯文的幾個外國記者的這類作品。那就是：美國的斯諾，英國的貝特蘭，蘇聯的愛倫堡。

（三）議論體的文字，關於這類文字的寫作，以後將有專章談到，這裏只想簡單的說一說在文字方面的問題。寫這類文章的文字，目前是文言、白話、半文半白雜然並陳。這類文章的目的是說理，要求的是「明澈動人」。所以只要能達到這要求，完成牠的目的，便算好，很可以不過問所用爲何種文字。但在事實上，古文體的文言文，在今日決作不出來「明澈動人」的社論。所以寫社論已是新文言的領域，所以社論用新文言中的什麼文體好這一問題，我想還是要用內容來決定形式的。那一種內容的議論文章用那一種形式表達好，寫者大半自有分寸。所以對寫社論副刊論文，應用那一類文體好這一問題，正確的答復應爲由作者在行文時決定，不應由讀者先定一種形式要求作者遵守。否則便等於叫作者作八股文一樣了。

學寫這類文字，應注意到：一、哲學的修養，二、文藝的修養。哲學可以助你的文字明澈有條理，文藝則可以助你的文字動人。至於範文，重慶報紙抗戰後的社論集有許多冊可以參看，雖不一定每篇都有好文章，但可以由此而熟習這種文字的體例，多少也會有些幫助。

總上所述，已說明了在中國眞爲大衆而辦的報紙，現用的這種方塊漢字，不易完成這一使命，我們現在辦報都是爲知識份子而辦，文字用的是今日知識份子所應用着的新文言。今日報紙中的文字雖然形式不同，但那只是一種文體的不同，而不是本質上的不同。所以今後青年想辦報，在寫報紙上的文字時，固應學習各種文體而且力求明晰易懂，但眞想辦屬於民衆的報，却並不能只靠把這種新文言寫的淺近就可達到！要達到那一目的，中國還需要有一次文字的革命；而文字的革命也是要配合着社會的發展，決不會突然單獨的產生！

第十一章　新聞的編輯

什要叫做「編輯新聞」？編輯新聞，就是把報紙所收到的一切新聞，經過一番研究、選擇、整理，然後把牠們有意義有條理的介紹給讀者。

在報社與讀者之間，編輯起着一種決定兩者關係的作用。代表報社，介紹給讀者什麼樣的新聞，以什麼樣的態度介紹；使讀者經過所編的報，怎樣認識辦這一張報紙的報社的立場，都將由這工作來確定。所以辦一張報紙，編輯人關係非常重要，尤其在新聞事業不發達。新聞大半靠官方，或半官方的通訊社供應，自己的外勤記者很難發生作用的國家中，編輯人的重要性更爲增强。

編輯人的工作除了關係着報社的立場而外，也還關係着報社的營業，一張報紙怎樣可以成爲動人的商品，編輯的技術也很有關係，所以一個新聞編輯人，決不是任何智識份子都能勝任。

一　在以下先說一下一個新聞編輯人所應具備的智能。

前述一個外勤記者須具備的三個基本條件：（一）科學的基礎智識，豐富的常識，某一專門的深入認識；（二）犀利的深刻的觀察力判斷力；（三）勤奮不怠的工作精神，健壯的體格。新聞編輯人一樣也要具備。編輯人現在照中國報社的分工，大致可分爲國內要聞，國際要聞，社會新聞，副刊編輯數類。所以他們在科學基礎知識豐富的常識外，一定還要就分工所分任的部門有深入的研究。要是作總編輯，就更應對各種部門都有深入的研究。這是就第一種基本條件而言，至其他二點更無須解說，不具備那兩個條件就不能判斷新聞的價值，新聞可能有的發展；不能過以夜爲晝與沒有固定辦公時間的生活，如何能作編輯？

編輯人坐在寫字桌旁守着放在他面前的許多新聞稿件，一件件的研究選擇，眞有點像披沙揀金。一條似乎不重要的寥寥數十字電文，往往可能發展爲驚人的大新聞。如果編者有眼光有判斷能力，早提醒讀者注意，那就是編輯人的勝利了。像第二次世界大戰中一個自由德意志委會的在莫斯科成立，最初有許多人不注意，殊不知這是關係着戰後問題的一個重要消息。這消息只要平素對歐洲局勢與盟國關係有深刻的了解，自然就會想得到牠的重要。所以一個好編輯，一定要差不多是一個熟悉世界政局的政治家，他要够細心，注意世界局勢的每一發展；還要够敏感能意識到將有的每一發展。這種能力，都不是只憑書本所能獲得的，必須有了豐富的理論知識，再由生活經驗中來鍛鍊才能成功。世界上有許多政治家都出身自新聞界，這也可以說明一個新聞記者與政治家間關係的密切。所以新聞記者也往往不能不是政治的人物。關於一個記者應具有的政治經濟認識，前面各章已介紹了不少概念，更具體的研究已非本書的任務，只有由讀者自己沿着那些練來去自己尋求，這裏只好從略了。

除了認識而外，一個編輯人的技術要求也不是很簡單的，所謂技術方面也很廣泛。中國今日的新聞編輯工作，老實說，都還在很幼稚的階段，在只有七十年歷史的中國新聞事業，報紙能發展到現在這階段，不能說不算迅速，尤其是最近這二十年中比已往的五十年，在編輯技術上要說進步很快，可是缺點仍多，也是不容否認的事實。

第一似乎並不是每一張報紙都已能說的上有了編輯工作。有的報紙只作到了分類工作，如在二次大戰中把東歐、南歐、西南太平洋、中國戰場的新聞分置在一起，印給讀者；有的編而不精，即編者會把那些有關各戰場的消息略予整理，使各條消息前後次序的安排也有些條理，但是這也還需要讀者自己在讀後再在腦子中組織一次，才能獲得由那些新聞組成的一個整個具體印象。如果讀者是沒有這種組織能力的（大約中國報紙讀者中，有這種組織能力的並不多），豈不是報雖看了，仍未了然世界大勢？所以這種編輯方法，只就編言編，也說不上精到，至於說有意義的編，自然更談不到了。

著者對於編輯素持一種精編見解，以為電訊新聞既然竭力節省了文字，為了少佔篇幅；但現在的報紙的編法，却被許多「×日×時××地××社專電」佔去了很多地位，這種浪費實在可惜。所以在精編的原則下，著者主張：（一）類似新聞的合併改寫。如墨索里尼下台後二日、即三十二年七月二十七日的報紙中，有以下的報道：

甲【渥太華二十五日中央社路透電】加拿大總理金氏，謂義首相墨索里尼之辭職，似爲法西斯政權結束之開始。

乙【渥太華二十五日中央社路透電】加總理金氏稱：目前如即言墨索里尼之去職，對於義大利之退出戰爭有所影響，未免過早，然此確係義大利退出戰爭之第一步。

這兩條新聞如果編者肯用些工夫把牠改寫如下文：

【渥太華二十五日中央社路透電】加拿大總理金氏謂墨索里之辭職似爲法西斯政權結束之開始，但目前如即言墨去職，對於義大利之退出戰爭有所影響，未免過早，然此確係義退出戰爭之第一步。

就是由一百〇七字變成了七十九字，內容沒有一點變動，而字數却省了四分之一强。

（二）一種相關的新聞，很可省却完全相同的時日等贅文而把牠組成一條，如認爲發電地點與通訊社名，有關寫新聞之態度可供讀者參考，則爲保留。否則地點通訊社名，也可全刪。

例如前引渥太華電，爲加拿大官方對墨索里尼去職的反響。在同日作類似表示的，有美國務卿赫爾的表示，莫斯科蘇官方的觀察等等，很可以把牠合寫成下方形勢：

「墨索里尼去職後國際的各方意見據報告如下：（華盛頓二十六日電）赫爾本日接見新聞

記者時談：墨此時下台，頗爲適宜與及時，惟美對義須無條件投降政策將無變更……。又同日莫斯科路透電，謂蘇方觀察家談，當義軍退出戰場時，吾人歡欣鼓舞尚不爲晚。又渥太華二十五日電：加總理金氏談……」

電報如此寫過，不只可以予讀者一系統印象，且又省去另行地位，節約了字數。節省出來的地位，可以多作些關於新聞的說明，多刊些地圖發揮自己報紙的編輯參考方面的優長，讀者必然會特別歡迎這一張報紙了。

以上是就編的技術講，而我們要求於編輯的還不只此，例如七月二十六日尚有這樣兩個電報，(一)德通訊社稱：日皇二十六日接見東條重光葵聽取報告，論題未經宣佈。(二)馬德里廣播，西班牙內閣，於二十五日午夜後召集臨時閣議。這二新聞都未說明與義政局有關，但顯然有關，而一般水準較低的讀者，或即不能明瞭。故最好編輯人能更爲指出這二消息是表示軸心國家和一般反動政權爲義局而震動的表現。

能够作到這一地步，著者以爲才能算真作了編輯工作。要作到這一地步，當然不是容易的事，第一個問題就是編輯的人力需要增加，這也是著者由實行而得來的經驗。這樣精編比今日各報的編，人力至少要增加一倍。

目前中國報紙的編輯工作，編者對於電訊，差不多都採一種信賴的態度，這種信賴實應把牠改成正相反的懷疑。爲了信賴，對電訊原文幾以不動一字爲原則，這實是從基本上應當改變的。上面已舉了幾點對電訊原文應予改寫的例子，事實上電訊原文應予改寫者尙不只此。（一）目前世界新聞電訊網，完全掌握在大資本家的手中，在中國的老百姓立場上，對這種報道自應隨時提高我們的警惕性，說不定有些報道的看法，和我們應有的看法完全不相同，那我們在用那一條新聞時，即應爲加按語，指明其看法的謬誤，用以提醒讀者，使不受那錯誤的影響。例如宋子文在三十二年八月訪問倫敦時，某英記者詢以一關於「滿洲國」之問題，宋答以中國人不知有此地存在。詢者其指東北四省而言歟？」宋的這一糾正，正是我們記者所應仿效而隨時用以糾正外國通訊報道的！（二）世界新聞電訊經中央通訊社轉發，是經過中央社的翻譯的，翻譯不能說沒有錯誤，或不正確的時候。像上述關於宋子文的報道之末一語，桂林一報曾譯爲「然問者之意，或即指滿洲乎？」這譯法並不算錯，英文確是Manchuria，可以譯爲滿洲，實不如東北四省更爲適合。所以譯文可斟酌的地方實在很多，翻譯的時候非常匆忙，誤譯在所不免，編者自應隨時代爲留意。如有可疑的地方，一時如無原文可以校對，亦應加以按語說明疑有錯誤以示編者對報道的一字不苟。（三）對不常見的事實或現象，凡在一般人常識之外者，應在電文中隨時附加說明以供讀者參考。例如墨索里尼去職，巴多格里奧繼任義首相，報紙能立即將巴氏的略歷與在義國內的地位，根據報社所有參考資料，作一說明；蘇聯軍隊擊敗德軍，一九四三年夏季攻勢收復奧累爾後，又向卡爾科夫布利揚斯克進攻，如能即附以地圖，說明戰況形勢，對讀者皆有極大幫助。這種說明與參考材料的供應，並不應是偶一爲之的事，而應逐日都有，才合讀者的要求。[48]並且不只是對新聞電訊如此，對報紙中每一種新聞報道都應如此。特寫通訊，國外記者寫的自應對上述三點全一一注意到，就是自己的外勤記者寫的，也應注意到他的寫法，觀點如何，有錯應爲改正，須加說明的地方代爲添入。

再說到社會新聞，在中國編輯社會新聞例來是一件很困難的事。因爲社會新聞來源最多，抗戰之前各地都有許多社會新聞通訊社，供給這類新聞。想利用報紙爲工具而向人敲竹槓的情形固有，想利用報紙爲某些人作宣傳領宣傳費的也有，這是作編輯的人不能不密切注意到的問題。每一條社會新聞的刊載，有時不能不稱斤估兩的把幾方面都想到，確斷不致被人利用了才能採用。再則一條社會新聞的刊載，編輯人應有他爲什麼要刊載的理由，社會新聞的刊載目的，決不應像以出賣黃色新聞爲目標的報紙的作風，皆在以色情描寫，個人陰私的揭發，作爲招來讀者的手段，而應以反映社會現象，促使社會不斷的進步爲目標。目標不同，報道的方法也就不同了。同一的離婚案，皆在反映這是一種社會問題的報道，就會重視離婚的原因，例如爲了經濟困難，一個[49]公務員養不活妻子，以致妻子另有愛人而離異；或丈夫出征，妻子在家無依，而與他人同居，單方聲明離婚。這全不是桃色新聞，事實上乃是血與淚凝混在一起的現實社會問題。可是黃色新聞報紙，都能在報道時，着重「另有愛人」「與人同居」的事實描畫，不厭詳盡；反忽略了那造成不幸的眞因。所以編輯人對社會新聞的報道本文，一定要看那是基於什麼觀點而寫成，如果認爲那條新聞確是一個社會問題，不過寫的方法不好，就應把那條新聞整體重新寫過。中國報紙中的社會新聞，一定要有類此的整理，社會新聞的報道才能成爲有意義的工作（最好當然是能由自己的外勤記者，根據那報道作爲線索，重去採訪一度歸來自寫所得的新聞），如果眞本這目標作去，可以說大致所有的社會新聞，除了社會團體活動之外，關於個人的，完全需要從新寫過了。

此外如職業的投稿者和讀者報道的新聞，更不只是需要重寫，甚至需要重新派記者去採訪過，以期完全可以信賴。

所以編輯工作，不談作標題分欄，只是在新聞本文上應作的工作已經很多，而目前的中國報紙，多半尚未能完全作到。

放下新聞本文進一步來談編輯，許多教導他人的編輯方法的書籍，注重於幾欄幾行標題幾個字，其實這並不是編輯工作的中心問題，這類問題只要一個人的智能夠，有學習的機會，一週至一個月一定可以學會，而且老實講也有把這類工作作的很熟練，但他却是一個不懂編輯眞義的人。

編輯工作的定義前面曾說過是把新聞加以研究選擇整理，然後把牠們有意義有條理的介紹給讀者。要講怎樣叫編的好，那就是要看能不能達成上述的任務。

關於研究整理一條新聞在前面已說了不少，但關於選擇卻未談，那就是因為選擇似乎應與有意義有條理的介紹聯在一起談比較更好一點。

關於選擇工作，可以分成二個階段，一是選擇有沒有要的價值，二是決定了有了要的價值，更進一步來決定牠的價值的大小。

每天送來報社編輯部辦公桌上的新聞多的很，先揀選出來有刊用價值的若干條，再從而把這若干條新聞一一比較其重要性，然後決定何者以報紙中的最重要的地位，何者以次要的地位，何者以更次要的地位，何者以普通地位介紹給讀者，這就是選擇工作的全部。有意義有條理的介紹，已有一部分包括在這裏面了。（另一部分就是標題分欄等工作）

但選擇工作的前一階段，又是與研究整理工作雜糅在一起的，因為一條新聞經研究之後，便是選擇有無價值的時候了，決定有價值，才進一步需要整理。否則整理工作豈不將有浪費之處。整理完竣之後，每一條新聞的價值已在整理時有了很深入的權衡，下一步就是選定其重要性，決定如何介紹牠了。

談到如何介紹新聞（也就是如何編排）這一問題，我們必須先放下我們的意見，來考察一下世界報紙介紹新聞的兩大傳統。

所謂兩大傳統就是一個英國的傳統，一個美國的傳統。最簡單的區分這兩傳統的辦法，可以這樣說：當你看一份英文報在封面，即有報名那一張的版面刊載的是廣告時，就是英國的傳統。如果是新聞，就是美國的傳統了。更進一步的分析，就是英國的編輯方法：採分版制度，某一類新聞在某一版，就永久在某一版。美國報的編輯方法採綜合制度，不一定是那一類新聞作第一條，可能是政治新聞，也可能是社會新聞，只以牠是否有吸引力為標準。這兩種編輯方法，顯然一種是保守的，一種是活潑的。但同時一種還時時顧及報紙的莊嚴，另一種則為了吸引人，不免陷於胡鬧。

中國報紙受日本英美報紙的影響很大，而日本的影響也就等於是英美的間接影響，所以上述兩種傳統，在中國報紙中都可找到。大約中國早期的報紙，效法英國的最多，新聞不以大字標題，很固定的分出來新聞地位，如「中外要聞」「社會新聞」「教育新聞」「各地新聞」各佔一版。「五四」之後，美國的新聞編輯作風才漸漸的在國內流行，但仍有許多報紙保守舊作風，不肯改變。像上海申報新聞報肯以七行字作大標題已在「九一八」以後了。

在中國以美國作風編輯報紙的，過去以上海時報為最。其餘報紙多是「一般新聞」仍採分版辦法編輯，但「重大新聞」作第一條者，已不限於「國內政治新聞」。「本市新聞」之性質重要者，「國際新聞」之影響重大者，也可作第一條。不過以一場轟動全市的球賽或賽馬結果，如時報之作第一條，却還不肯。

不過對編排方式也已相當講求，每欄字數減少，有少至十字一欄者。兩欄之間空隙擴寬，每條新聞長短欄變化不一，小而重要的新聞加邊框，長而有價值之新聞闢成特別欄。形成這風氣的，是上海時事新報（現移渝，爲孔氏機關報），天津庸報（戰前由董顯光等售與朝鮮人李某而變爲日寇宣傳機關），北平晨報（政學系機關報北平失陷後停刊）這些報紙，而這種作風多係仿效日本報紙，朝日新聞，每日新聞的編法。在八一三之前這種作風，逐漸的變成了中國報紙的正統作風，全國報紙多半在編輯形式上都因襲着這一傳統。八一三之後京滬相繼陷落，國都西遷，物資一天比一天困難，印刷機紙張都成了問題，於是各大報在中宣部的督促與事實的限制下，全縮小篇幅爲對開一大張，於是中國報紙在內容與形式上，又步入了一個新的階段。

過去一份大報經常最少是對開兩張，多則四五張，新聞分版，除了第一版不刊廣告外，其餘各版新聞多與廣告雜糅在一起。例如三版上半版爲社會新聞，下半版爲廣告。四版上半版爲廣告，下半版爲教育新聞之類。不過報名旁還有：如美國報之刊重要新聞與如英國報之刊廣告，而於背頁刊重要新聞這麼二種分別。

抗戰以後報紙形式完全一致了，即對開一大張。第一版爲報名，廣告，二版：中外要聞，社論，三版：上半版一般國際新聞，下半版社會教育新聞以及通訊特寫，短評。第四版：廣告多時皆刊廣告；廣告少時，則或載副刊，或刊各省新聞；有的則有固定的副刊，或各縣新聞，佔一半地位，然後另一半則刊廣告。

爲什麼沒有人再以報名旁的地位刊重要新聞？因爲如在報名旁刊中外要聞，則第四版也必須改刊目前各報第三版所刊的國際社會教育等新聞，而以二三版刊廣告副刊。因爲目前各報的印刷設備太差，用對開平版機，非先印就兩版，然後以全部印機印刷兩版新聞版，則出報必將極晚。先印二三兩版，將廣告副刊改入二三版當然可以，（副刊無時間性可以早發，故與廣告排在一起。）不過廣告所佔地位不如新聞重要，對讀者雖增吸引力量，但對廣告刊戶卻難收較高的廣告費了，這是一點。再則中文報名多爲直寫者，在報名旁刊中外要聞，比刊在二版，要減少一個報名所佔的地位，而且在拼版時，要感覺困難。同時相信在戰時報紙不加重對讀者的吸引，讀者也不會減少；而廣告戶的減少可能性，在戰時卻非常強大；所以中國報紙遂不能不成今日這種現象。

在內容方面，中國報紙在戰時，也標準化了，中央通訊社每日供給的國內外要聞，在數量上普通可佔各報新聞版三分之二的地位。加上社論短評以及一些必要的本市新聞，已再沒有地方可以容納其他文字。所以除了社論、短評、副刊或各地新聞（如果有的話）而外，各報已沒有什麼很大的分別。

過去發刊兩張以至五張的報紙現在只剩了一張，主要的減少了些什麼？主要的減少了（一）廣告，（二）各種新聞，（三）副刊。在各種新聞中全部減去的是（A）經濟新聞，金融行情，這大約是因爲這類報道無益有害吧？（B）各省新聞，這是各報多已變成了地方報紙，不再是全國性的報，所以不再刊登，也有還刊登的，但要在有空餘篇幅時，所刊也以隣近省份爲限；大概減少了的是（A）體育新聞，除了特別值得注意的體育活動而外，已多不用，因爲限於篇幅。（B）社會新聞，也是爲了篇幅，大約集團性的社會新聞，還有分佔一角報紙地方的可能，個人的，個別機關的新聞已很少發表的機會，除非在短訊中。（C）教育新聞，和社會新聞差不多，關係許多學校教師學生的新聞，或有發表機會，某一學校，某一教育界人士的新聞，也只好入於短訊中，甚至刊不出來了。

對於這種本市新聞（包括社會教育等新聞）的在報紙上減少，會有人認爲這是中國報紙的進步，其意大約是指社會新聞中關於個人的新聞之減少而言。這問題前面已經談過，不刊登當然不如以積極態度採用爲更合理，再則著者感覺，報紙這種傾向的結果，是使大家把眼光轉向離自己更遠更大的方面去，減少了對身邊問題的注意。這結果是有利。但也有弊的。

說這一大段「由在中國介紹新聞方式的傳統，談到目前中國報紙的編排形式與內容」的話，有什麽用呢？當然有用，因爲要簡單的了然這些現象，才易於研究中國報紙的編排問題。

第一、讀者應先了然，美國編法在原則上比英國編法進步。也就是說「綜合處理」比「分門別類」進步。一個人如有作個總編輯的經驗，他一定可以說出來許多分門別類編法的困難。一條新聞有時眞難決定分給那一版的編輯好。有時同樣一條新聞，會在同一張報紙上的第二版第三版一字不易的重複刊載，也是爲了分門別類時粗心所致。當然綜合處理，總編輯的責任更爲加重，可是他的心思可以用在有用的地方，而不必爲不合理的分門別類浪費心力了。

分門別類既是不合理的，爲什麼仍會存在呢？這問題是應該問的。目前這現象，不只在中國報紙中存在，甚至還有人在稱許這類編法，有人說報紙讀者有時爲了熟習一份報紙編排方法，知道他愛看的報道在什麼地方，一翻就可以找到，於是遂不願換閱他報。這種現象也確屬事實，但却不能說是分門別類編法受讀者歡迎的證據。

我們先要懂得分門別類編法何以產生，何以到今日仍然存在，何以甚至受人稱許。

在最初報紙的分門別類，大約是爲了叫讀者易於找到他所想看的新聞。試想不論新聞重要與否，一律是大小的標題，一律大小的本文，如果不分類編輯，許多新聞對讀者自然像是一團亂絲，找不出來頭緒，而且過去時代中人的智識要求，也沒有今日這樣複繁，他們各只注意與自己有關的新聞就够了，分門別類的編法，也可滿足他們省却看不要知道的事的要求。

到今日報紙的編排技術已因印刷的進步而大大的改變了。標題字已因字形大小之分，字體不同之分，而有幾十種的變化。又可有佔欄長短之分，加框邊之分，闢特別欄等辦法。在一張報紙中已有種種可以吸引讀者注意的辦法，而不必一定要以「分門別類」來使讀者易於辨別了。再則今日人類的生活，爲環境的日趨複繁，他們應付生活所需知識的要求範圍，也廣泛了，對於一切新聞的涉獵已屬必要。所以對新聞的編排，如能以種種方法，在一張報紙中表示出來共性質之重要與否，任他們自己去決定，有空就把全張報紙一字不遺的看完，沒有空則看看全部題目，然後將所關心的新聞本文一字字的看完，對他們實比分門別類更合他們的要求。所以綜合處理確實是適應着印刷的物質的進步，而產生的一種進步編輯方法。

爲什麼分門別類的編法仍然存在？那可說完全是爲了廣告的關係。廣告刊戶的要求，是要多有人注意他的廣告，又自知自己的廣告並沒有吸引讀者一定注意牠的力量，於是遂不能不選擇廣告的地位，希望所刊載的地位易於引人注意。而報社的要求是廣告費的增加，最好能使自己報紙的每一刊廣告地位，都像封面第一條廣告地位那樣受人歡迎。在這兩種要求下，新聞的分門別類編法，竟得到了經濟的撑腰者。

新聞分門別類散布在各版上佔一半以上的地位，其餘的地位招刊廣告，比沒有新聞，一版全刊廣告，自易受廣告刊戶的歡迎。再則如這一版有一半刊載教育新聞，那麼教育用品社，書局的廣告，就會喜歡刊在這一版上。如這一版上半的新聞是體育新聞，於是體育用品社，甚至賣球鞋、運動衫的店家，也要在這版上刊廣告了。

分門別類的編法的所以存在，是爲了廣告，旣經說明，同時讀者看慣了一報不肯更換的緣因也就可以說明了。讀者不喜歡更換已看成習慣的報紙，並不只是爲了他熟習於那報紙的編排形式，雖然你叫他說明不願更換的具體理由時，他會說是爲了習於那編排形式，因爲其他的理由，他自己實在舉不出來。其實人類大半都有點保守性，勇於接受新的一切的人類，實不多見。而且是教育愈落後，保守性愈强。看慣了的一張報紙，叫他更換，他主觀的先有反感，可能對第二種報連看也沒看，就說不如先一種好。如果說習於那一種報的編排，確爲他不願更換的原因，那可證明一般報紙，因爲廣告的關係而把新聞割裂的四分五裂，以致一個讀者如不慣看一報，即將莫明其妙。（過去上海的大報，確有令人分不淸何爲新聞，何爲廣告的事實。）也就更進一步證明分門別類的編法，在今日實已無何可取之處。

抗戰後中國報紙縮成一張，分門別類的鮮明界限已經革除，綜合處理的編法已然增强，這倒要算一種進步。不過抗戰勝利之後，相信如無進步的新聞事業家起而糾正，過去的舊病，可能復發。是以如果我們覺得綜合處理是進步的編輯方法應予提倡，那我們必須先解決割裂新聞版面的經濟撐腰者——廣告。

廣告問題是未來中國報紙進步的一塊極大的絆脚石，以後另有專章討論，這裏只想談一點，那就是關於廣告的編排的問題。

著者素來就感到廣告也是新聞，廣告如果經過有計劃的擬稿編輯，也可以使讀者愛看。在今日中國的報紙中，往往就有很好的廣告新聞，甚至一天的報中只有一條廣告最有新聞價値的事都有。是以爲了在將來不使廣告再成爲割裂新聞版面的主動者，打算提出來一個精編廣告的計劃（這計劃也留在以後再詳細討論）。這一計劃如能成功，那麼中國報紙版面採用綜合編輯法的阻力，就大大的減少了。

編輯的全面計劃：綜合處理既經決定，下一步的問題就是實際的編輯工作應如何進行了。

編輯科科長（所以用這名義理由見後十四十五兩章）在編輯工作開始之前，他必須已經胸有成竹，大致明白報紙中的主要新聞是那幾項。這「成竹」是靠幾種材料來決定的：（一）本晚晚報（如果所編爲日報的話；設所編爲晚報，則爲本日日報），（二）通訊社稿，（三）本社外勤報道，（四）經其他新聞來源而來的新聞，（五）根據上述材料而確定本晚仍將續有發展報道的新聞。

例如在八月十七日晚，已由晚報知道　蔣委員長將發表一篇八一三告友邦全書，雖然編稿時這篇文章還沒有一個字，基於經驗知道大約會有三五千字，那麼今晚的第一條新聞，一定要留給這篇文章，而且要爲這長文留下刊載本文的地位，然後再決定其他新聞在版面上如何支配的計劃。支配計劃決定，就向各編輯說明，然後請他們去作整理新聞本文與加標題工作。編輯科長在作這計劃時不但要想到每一條新聞在版面上所應畀予的地位，且要想到牠所能佔的地位大小，除了決不能刪削的新聞外，應告訴編輯，最好是編成多少字上下。他的整個計劃，當然不是一成不變的，如有突發大事，自然需要改變。假定八月十七日晚在等蔣氏長文時，忽然來了德國內部發生政變希特勒被殺的消息，當然第一條新聞就要讓給這後來的更重要的消息，這種變動自然影響到全部的編輯工作，編輯科長便須重新改訂他的整個計劃，而通知每一編輯注意。

所以在綜合的編輯法中編輯科長猶如軍隊的總司令，明日報紙紙面編法的好壞，全靠了他一人的指揮。他不須編一條新聞，但每條新聞編就之後，都應由他看過，再送交總編輯轉送排字工廠。一方叫他再斟酌一下，編輯編就的標題，一方也是叫他再具體的忖度一下，他自己的整個計劃。（總編輯自也要審他把一切再研究過一次。關於總編輯職權亦詳後

這時編輯科長胸中應已有了一份報紙的全體草樣，以一版爲一單位，力求這版的編成，能予人以活潑生動的印象。怎樣達到這目的呢？一句話就是要版面多有變化。

使版面有變化的方法可分爲下列四類：（一）標題的變化：（甲）置放地位：（1）標題可以橫於本文之上。（2）可以直立於本文之前。（3）可以橫直並用於本文之前。（4）如爲分題，本文爲長欄時，可直立於本文之上，（5）如爲加花邊之長欄新聞，且可或橫或直置於本文之中間。（乙）字的改變：（1）多寡可由最少之一字至至多之十餘字。在十五字以上的題很少見，如試用必獲極壞的結果。因標題的用字大小須與本文佔欄之長短成正比例。佔欄愈長，標題用字便須愈大，以求相配（今日中國報紙標題佔欄，最長者爲六欄）。如本文長四欄，而以二號

字爲主要標題，雖可植十七字，但是使人將不免有建極高的宮殿却用了直徑五寸的細杉爲作主要支柱的不合適的感覺。但就是在這限制內，變化也很多了。如本文十一字的短欄，作主要標題可用五行字一字或二字；（此種用法仍不好看）一號字三字；二號字四字，三號字五字；四號字六字。欄再加長，標題用字的變化更多。（丙）行的多寡：標題最少者爲一行（現已很少見）多可至五行，但字體大小須有變化。主題爲二號字；懸跨於主題之前的副題可用三號；附於主題後的第二附題，可用四號字；第三附題可用老五號而夾以夾線；且字體花式亦可有變化，如副題爲黑體，主題爲楷書，第二附題爲仿宋，第三附題爲老宋，則更醒目。餘可仿此類推。（丁）附加裝飾：爲了新聞的特殊，也爲了想用的標題字數太少又不願用太大的字體，還有採用上下或左右加邊，四周加框裝飾標題的辦法。用此辦法，可使通常大小適宜的標題字體縮小一號，依然美觀。

（二）本文的變化：（甲）字體的大小，現中國報紙的本文多以新五號字爲主，如新聞重要即本文也不願意混同於其他本文時，可改用老五號，新四號乃至四號，且可有花式的變化，如用老五號黑體，新四號仿宋，或四號楷書。四號以上用作本文者極少見。（乙）佔欄的長短，現中國報紙本文佔欄最短者自爲一欄，至多者第一條新聞之本文，爲四欄，因第一條新聞標題最長者只爲六欄。爲求配合，故不能再長過四欄。而每一條長新聞爲求活潑生動可以加分標題，而同時變欄。如蔣委員長有一演說長三千字編爲第一條，標題長六欄，本文最初八百字編爲長四欄，加一分題，再以四百字編爲二欄長，餘則加若干分題，變爲一欄長。一可便於排版，再則可使版面生動。（丙）上下留空白：爲了醒目，一欄本可排十一個字改排九字，上下留空。在密密層層的版面上，忽有一段新聞上下有了天地，自亦爲引起注意之一法。這種辦法多用於第一條新聞的本文，或二欄長以上的特別新聞。

（三）加邊框：這種編法，在英文叫作 Box。就是把一段新聞連標題和本文，一起圈在花邊之內，像把牠放進一個匣子。匣子可以是一欄高，也可以是二欄高，或三欄高。在三欄高以上的匣子，在中國報中就少見了。因爲這種匣子內的本文都是長行接排。太高了不好看，而且要是高一定也要寬，在拼版時一定感覺困難，放在那裏都不合適。這種匣子，照習慣是用以處理爲大家所關心，但價值上又不够作第一條的新聞，或性質重要，但文字太短，不能編爲長欄大題的新聞。

（四）闢特別欄：這種編法等於在版面上劃一個特別區，自是引起注意之一法。目前中國報紙每一版至少闢一個特別欄，多也不能超過兩個。第二版的特別欄，現在是固定的社論地位，三版左方特別欄，則爲專欄論文的固定地方。過於機械，不足爲法，但也是因爲篇幅太少了。特別欄本身還可以有許多變化：（甲）因爲牠成了特別區，於是可以自由爲欄的處理。（一）可以將欄線取消改爲空白。版中其他地方皆以細線爲欄與欄間的界限，一處忽然沒有，自然惹人注目。

（二）可以將原來的欄的字數長短，自由改變。如特欄共高四欄，可以變爲二欄高，這還是不太大的改變。大的改變，如五欄變三欄，三欄變二欄。這種改變也是叫特別欄顯著的辦法。（乙）本文的特別處理，如報中本文原是自上而下的讀法，特別欄則可以改排爲自左而右。特別欄的高，在一版中佔九欄十欄都可以。但如一版中有兩特別欄時，則皆不適於過高。特別欄還有一個戒條，就是不能太寬，如太寬一定影響版面的勻整。

處理報紙紙面既有上述四種，幾十類的變化，叫版面活潑生動，當然並不是難事，問題只在編輯會不會支配運用而已。

支配的方法大致是最重要的新聞作第一條，較長而獨立的新聞且判斷牠當夜不會再有發展者作特別欄。短而動人的新聞加邊框，每一版中二欄長的加邊框新聞不能多過三個，否則必感無處安放。如一版有兩個特別欄時，更不能多過兩個。短欄加邊框者不能太長，最好在十行左右，以免不易拼排，因加邊框新聞雖爲短欄，也不能折轉到下一欄裏而去。此外的新聞：本文多爲短欄，但標題第二條新聞至少應爲三欄長，三四五條以下新聞應爲二欄長，二欄長標題每版最少不能少於四五條，否則必感版面單調，如全版爲一篇長演說佔去大部地位，亦應多作二欄長分題，再加附題，以求版面能有變化。其餘新聞則可編爲短題短欄。如版面擁擠時，短題短欄新聞可再縮編爲簡訊。不過亦應有幾條次要的短新聞編爲短題短欄，以便拼版時，在上半版中補空之用。

編輯科長在決定全報報面應爲如何形式之外他還應注意到把握時間這一問題。一張報紙出版時間早十五分鐘，在報紙競爭銷路極爲劇烈的都市中，就可能使銷路有極大的上下。怎樣可以叫報紙出版早？全要靠編輯部能否與印刷工廠合作了。如果編輯部時時記得時間的寶貴，工作情緒永能緊張，稿件可以陸續的很勻稱的發交印刷工廠，使工人一開工就有新聞可揀排，中間沒有間斷，自然在編輯部齊稿的十五分至半小時內，可以將版拼好。如果稿件發的不勻稱，稿件大部到必須齊稿的時間，才整堆的擲交印刷工廠，那麼齊稿後一小時，版也可能拼不起。

所以編輯科長不只要注意編輯的意識技術，紙面的支配，還要注意到編稿時，時間的把握，這也是要和紙面支配同時決定的。那一條新聞已不會有發展，可以先發，如長而重要，可以發爲特別欄，短而重要則發爲加邊框的長欄。這種新聞在印刷工作中，也比較繁難一點，早發，工人可以先爲作好，已經爭取到了時間。如不適於作特別欄，也不適於加邊框的新聞，而爲一定要用，且亦已無發展可能者，亦可早爲編就，發交工廠，這類新聞的編法，最好是甯將牠縮小編，不要擴大編。例如可編爲長題短欄，也可編爲短題短欄的新聞，甯可編爲短題短欄。因爲先發不是最要的新聞，發的小，對版面不會有大影響。如發的太大，到新聞多擁擠不下時，又從新改小，便要浪費時間了。同時也是因爲任何報紙，感覺新聞少，不能填滿版面的時候，簡直少有，所以發少不會有問題。

這種種情形編輯科長都應在分稿給編輯編的時候，附帶說明，如何者編特別欄，何者編加邊框長欄，何者編短題短欄先發交工廠。此外還應注意的，是每一稿件所佔的地位，一定要一一寫明，並隨時計算某版所發稿件是否已使該版容量，達於飽合點。因爲發稿多於一版版面所能容納，除了浪費工人力量之外，毫無其他意義。再則爲求發稿時間勻稱，如遇有長稿佔地位至二三千字以上者，可採隨編隨發交工廠辦法，即編就一段時發一段，以求工廠不至有時太忙有時空閒候稿。再：爲了顧及時間，編輯人還要注意到以下兩種方法的運用。（一）在沒有長新聞可以作特別欄的時候，可以集合性質相合的若干報道於一起，拼成特欄材料。如廣東、河南、廣西，各省都有災荒，把三地報告集於一特別欄內，還可以表示我們熱心救災。（二）如果一類新聞太多太長，也可以把牠分開編輯成分立的新聞。例如國民參政會開會，有大會開幕儀式，有出席人名單，有議長致詞，本可編爲一條，但也可以分編三條。拼版時只須注意拼的次序也可收分編而仍連貫的效果。這兩種方法的斟酌應用，在讀者方面不會有什麼感覺，但在爭取出報時間上，卻可收極大的功效。

支配紙面，爭取時間都談過了，現在可以來談標題作法了。

要討論標題作法，我們先要明白加標題的目的何在。加標題的目的，當然是爲了便利讀者，使讀者在讀每一新聞之前，先有一個概念，這段新聞的內容，大致是什麼。這是件隨着我們前面談過的，把新聞分門別類以便讀者閱讀，那一動機而產生的辦法。在新聞報道分門別類之後，爲了表示以下新聞是那一門類。一定要在新聞之前寫出：「政治」，「軍事」，這些字樣，這大約就是新聞標題的濫觴了。

再進一步像清末中國報紙的以「上林春色」「羊城夕照」之類的標題，總括來自北平廣州的新聞；更進才有一條新聞加一個題目的辦法。現在則是一條新聞加一個標題，已極罕見。義短的新聞，只要編爲單條，至少也有一主題，一附題兩個標題。由這發展的過程，我們可以明白標題的意義，是一天比一天求更能使讀者由牠而詳知新聞的內容，明白了這一意義，也就可以推出來作標題的一個原則——扼要。

用最少的字說明很多的事，不能叫人因爲字少而誤解，這就是新聞標題的任務。現在新聞標題最多已發展到五行，長新聞且可以加分題，分題還可以有附題，以標題概括一條新聞的內容，已經不是很難的事了。

不過現在編新聞作標題，除了要求扼要之外，還有一種要求，即要求生動。爲什麼要求生動這是由於兩種理由：（一）是經濟的，因爲報紙是商品，自然希望市場擴張，於是爲了吸引讀者而不能不要求標題生動。（二）是政治的，因爲報紙被認爲是極有力的宣傳品，遂希望牠能有更廣大的讀者羣，以便其政治宣傳藉報紙而完成。在這目的下，也就有了要求標題生動的需要。

作新聞標題要求生動，比要求扼要，在今日講是困難多了。因爲要標題生動，就很難不流入專載黃色新聞的報紙的低卑風格。要是想求標題又扼要又生動當然更難，所以一個好的扼要而生動的標題，幾乎是可巧遇而不應強求的事。以此中國報紙的編輯，今日仍應多在扼要上努力，而不要强求生動！

求扼要，事實上也不容易，因爲在編輯部中工作與在書齋中研究是兩件完全不同的環境，編輯部中的時間限制，決不容人從容考慮，坐在書齋中寫新聞學，批評報紙標題作的好壞，是不能叫編輯人心服的，但爲了說明什麼叫好壞而舉例自然又是一事。在以下著者想舉兩個標題來作例子，以供讀者參考。這是卅二年七月二十六日桂林兩張報紙報道墨索里尼辭職新聞的標題：

甲報：

歐局一大變化

墨索里尼突然辭職

義王負責收拾殘局

巴多格里奧元帥繼任首相

乙報：

義國政局突起巨變
墨索里尼凄然下台
波多格里奧奉命主持軍政府
義王詔召民衆躬親指揮三軍

這一天關於墨辭職的報道共有三條都是倫敦轉發的羅馬電台的廣播。（一）報道墨辭職經義王批准。遺職由巴多格里奧元帥繼任。（二）義王詔書。（三）巴氏宣言。義王詔書內容爲說明首相之更迭，巴氏宣言則謂：奉命全權執掌戰時政府，戰事仍將繼續進行，要求民衆擁護義王，不得淆亂法紀。

以甲乙兩報比較自然甲報優於乙報。因爲（一）指出墨去爲歐局一大變化，較只謂爲義政局突變看的更遠。（二）墨突然辭職好於凄然下台，因爲凄然下台，在新聞報道中全無根據。而且

「凄然」顯然是爲了湊字數加上去的。（大題六欄必須八個七行字。）但如嚴格批評，甲報標題亦不是頂好。因爲（一）義王負責收拾殘局並非義局變化中之最要點，此句大約係由義王詔書中，今日起余將執掌一切軍權一語而來，實則此點並不重要，倒是巴氏繼任更重要一點。（二）尤其巴氏宣言中的戰爭仍將繼續進行一語，二報皆未作入標題爲最可惜。因爲有這種政變時，戰事繼續與否爲最重要，再則在中國的立場上，當然不希望義大利只換一內閣其首相爲如巴氏之曾爲侵阿比西尼亞禍首者，亦可認爲盟國之反侵略目的已達。如依此類推，豈不將來日本內閣也可由一個像宇垣一成之類的軍人換去東條英機就可以認爲在遠東反侵略目的已達！所以義仍繼續作戰，在我們應當切實强調，用以戳止那些希望得到不澈底的和平者的私心！所以這一標題如改作爲：

歐局一大變化

墨索里尼突然辭職

巴多格里奧任義相

宣言：「戰爭仍將繼續進行」

就當日的三條新聞來講，似乎就更能達到扼要的要求。不過如果當晚我們坐在編輯桌旁，作出來的題目也許不能是這樣了。所以作標題實不是一件容易事，時間、字數、事實的限制，有時眞比作律詩還要苦。因爲照習慣，標題中最好沒有一個沒用的字，標題多時各標題中最好不有重複的詞字。又附標題如爲兩行或三行時，最好字數一樣多，以求整齊美觀。這種種限制誰能說不像作律詩？所以許多人已在提出要求解放的口號。著者是同意解放的。不過：「過火」的解放我也不贊同。像（一）標題中沒有無用的字這一原則，就不應改變。（二）各標題中不用重複的詞字，如確無法避免自然可用，不過有避免可能時，又爲什麼不肯？（三）各附題不能字數一樣多，可以改變字體大小來調整。但三附題長短類似，這原則則應保守，以求版面整齊。有人主張解放到下列程度：

我政府正式宣布

對維琪斷絕邦交

前此與法所諦條約一律

無效

「無效」兩字爲什麼一定要抬起來另佔一行？不會縮小一號字體佔一行麼？如以爲字縮小行又太短時，添數字並非難事，也無再佔一行，單懸二字的必要。須知報紙紙面上每一行都極寶貴，不容如此浪費。所以這種編法決不是解放，乃是藉「解放」之名，行編輯「偷懶」之實，實在不足爲訓。

求扼要已如此之不易，扼要之外再求生動，當然更難，所以爲求生動，編者往往犧牲「扼要」。其結果，十九失敗。讀報終年，一個扼要又生動的標題都不易看到，其難可知。某報於「墨索里尼下台後，爲其喉舌的義大利新聞報主筆蓋達辭職，由參議員貝加米尼繼任」的報道，所加標題爲：

樹倒猢猻散

蓋達不再充喉舌

編爲加花邊新聞，還算生動，但其生動處乃在含有批評的意味，爲對法西斯政權的一種譏諷。這類標題也只能用於加花邊新聞，如以此作四欄以上大題，又覺不合適了！

作標題爲求生動，往往須離開扼要，因此在作標題時，想同時作宣傳，遂必須非常當心。常見有些情急的機關報，爲了想對出錢的人出力以爲報答，對出錢的人有關的新聞，離開新聞本，誇大渲染，結果除了告訴他是誰的機關報之外，毫無其他收穫。是以如果一種報紙想收到政治上宣傳的效果，應注意於新聞報道本文的整理，糾正不正當的看法，加入正確的指示，而不要時時想求之於標題，因爲宣傳需要的是浸透功夫，是潛移默化，沒有急功速效之可能，口號式的標題，在報紙上只有引起反感，也決不生動。作編輯的人必需具有這一常識！

基於這一常識，作標題時，途應當力求所作標題比較客觀，不要太强調自己的主觀。例如前舉的「我政府正式宣布，對維琪斷絕邦交。」這是客觀的標題。至「樹倒猢猻散」，乃至「歐局一大變化」，就已是表示編者主觀意見的標題了，這類標題，作的好可以討好，作不好，也就往往引起反感。是以謹愼少用主觀標題，而在本文內表示編者的主觀，也是編者討巧的一種方法。至作主觀標題的方法，是要能把握得住一般羣衆的心理，假如有汪逆遭暗殺的消息，我們作一個標題爲：

汪逆昨遇刺殞命

國人皆曰可殺

便不成問題的要算是好標題，因爲這是大家都會有這類感想的事件，如果對一件大家依違兩可的問題，而用主觀標題同情一方，就不免引起反感了。

作標題和作詩文一樣，一二語，也可以表達情緒，如表現悲壯，憂鬱，鼓舞，譏刺，舉凡人類具有的感情，都可以作到。但表現這類感情時，當然全會是主觀的寫法，也就應當慎審應用，必須是你的感情也能把握百分之九十以上準是每個人的感情時，應用才無問題。

關於標題，如果仔細研究，多舉實例，可能寫成一本冊子，本書沒有那麼多的地位探討這一問題，只能概括說明如上。編輯人，須記得標題是爲了便利讀者簡明的知道新聞內容。客觀的扼要標題，乃是正常的標題形式。主觀的生動標題，是一種變格的發展，用的好固然很好，用的不恰當，難免不發生相反的效果。所以編輯人普通仍應以求標題客觀扼要爲原則。

以上對於新聞的編輯工作，由對於編輯能力的要求，說到新聞本文的精編，編輯工作的過程，與編輯應採「綜合編法」的原因，然後介紹編輯實際工作中的「版面處理」和「標題作法」原則，大致已可謂將應觸及的都說到了。一個青年如果想由這短短的敍述學會了編報似乎有點困難，因爲這裏爲了節省篇幅沒有詳細指示那種字是幾號字之類使初學易於學習的說明。但是一個青年如肯找到一張報紙仔細的揣摩，他一定可以自己找出來門徑。在物資困難的今日，所以著者採取了甯叫讀者省些購書錢而減少列舉不重要例子的辦法。至對於入了門的青年，這裏所寫的雖然簡略，但是自信有些創見可供思考，至少引導青年進一步認識編輯工作或者不無補益，希望這短短的敍述，能引起大家研究的興趣，把中國新聞編輯工作，帶上另一個新的向前發展的階段。

第十二章　今日中國報紙中的言論

在第四章報紙言論的發展過程中，曾說明報紙中的言論由附麗於新聞報道而發展到獨立，日且已取得了極重要的地位，足與新聞報道分庭抗禮，成爲報紙中二大重要內容之一。言論在報紙中可分爲（一）社論（二）專欄論文（三）副刊（四）有的報紙已有，有的還沒有的民意反映——讀者論壇。

中國報紙中的言論現狀如何呢？

言論在中國報紙中顯然現也佔着很重要的地位，上述的四種言論，在中國報紙中，除了第四項而外，各報都已具備。只有第四項是有的報紙有，有的報紙沒有，卽使是有的報紙，那一欄中讀者所論，也不是眞正的主要問題。而且也不是論文，多半是報告一段新聞，然後附加上若干意見，說是新聞也可以，說是言論也可以的文字。

中國報紙中的言論來源如何呢？現分述如下：

（一）社論是代表一個報社的意見，寫社論的人，自然都是報社裏面的人。但是社論的範圍涉及的極爲廣泛，在社會中發生的任何重要問題，都是報紙應當討論的議題。這種問題其性質有的是政治的，經濟的，軍事的，外交的，社會的，教育的，……仔細說去簡直可以列舉出來幾十個門類。這麼寬大的範圍，在十年前中國的報紙，多半是請一位先生作主筆，什麼問題都交給他包辦，他擅長的問題，固要討論，不擅長的問題也要討論。報紙每天至少有二千字上下的地位，在等待着這位萬能主筆把牠填滿。生病都要預先託人代寫，才能不至誤事，這種情形會持續了有很長的時間，到今日中國幾個大都市中的報紙，大約都已改變了這種辦法，但在一般都市的報社中，萬能主筆依然存在着。因爲限於經濟，報社無力請更多的人；同時那報紙很小的銷路與落後的社會環境也決定了牠，無須亟亟謀求改進。

甚至較大的都市報紙，到現在雖說改變了辦法，但是改變也很有限。萬能主筆並不可能「萬能」，這一事實，逼迫着報紙必須另想辦法，一個擅長經濟問題的主筆，寫國際問題就不能像寫經濟問題那樣深入，而不免隔靴搔癢。掉轉過來，對國際問題有研究的人寫經濟問題，即使不外行，也必然顯出來浮淺。但是另想辦法時，報社的經濟能力有限，決作不到請若干專家，加入這報社來工作，於是折衷的辦法是仍請一位「半萬能」的主筆，主持筆政，而由這位主筆再代約幾位必需的專家，來共負寫社論的責任。大致這位主筆每一週要寫個一二篇社論，其餘的四五篇，則由所約專家分寫，每週共有六篇即可渡過，因爲照目前的習慣，星期日例有「星期評論」一篇，是約名人寫的，約的責任，自然也屬於半萬能主筆。爲什麼稱他爲「半萬能」，因爲事實上確是如此。大約因爲他是專任的關係，（一）報社對國內政治的議論，例由他來負責，因爲他接近報社當局，容易把握報社需要表示的意旨。（二）此外所有特約專家寫來的社論，要經他看過，看是否有與報社意見牴牾的地方，如有須爲改正，以求主張一致。（三）各專家所負責任爲每週寫一二篇與他所研究的專門學問有關的社論，論題雖也是由報紙中摘取最新發生的問題爲中心，但旣不住在報社內，每晚又不到社工作，自然仍不能與新聞的發展有恰好的配合。例如一位經濟專家才寫了一篇論穩定第二次世界大戰後的國際貨幣問題的社論，當晚忽然收到了墨索里尼辭職的新聞，報紙是有時間性的刊物，有如此大事發生，當然不能仍用論穩定戰後貨幣的社論，而須寫一篇論墨索里尼辭職的社論。誰來寫？自然只好由主筆來寫。再如那篇論穩定戰後貨幣的社論送來之後，恰巧當天夜裏就收到一個電報，說美財長摩根韜發表了一個新的穩定戰後幣制建議的修正案，這個修正案，把那位專家所依爲論據的若干點中之數點，完全推翻，爲了時間性，這篇文章也應當修正刊出。誰來修正，自又是這位主筆。試問不是「半萬能」如何能達成這任務？不過這一辦法比過去的萬能主筆時代進步，是毫無疑義的，因爲沒有時間性極强的新聞發生時，社論已能由專家執筆，其水準自然要較高了。

除了社論之外，現在中國報紙大都還有一段短評。社論經常刊在第二版，短評則刊在第四版

•短評是爲什麼而設呢？大致是爲了有比較重要的新聞在午夜後始到編輯部，趕寫一篇社論已來不及，緘口不言，又似乎不對；於是就由「半萬能主筆」先扼要的說幾句，表明這個報紙的看法與立場。明天如果事實再有了進展，仍可以以此題寫社論；如無發展，這問題，也就可以如此放過。所以以性質來看，這完全是一種爲爭取時間而設的短社論，不過這種文字的寫法却與社論不盡相同，牠比社論要更精闢，扼要，所以好的短評，往往比社論更爲有力。在過去報紙篇幅多的時代，這類短評曾有過廣大的發展，在分門別類的新聞編法中，每一段新聞皆附一短評的事也有過•如教育新聞版，即附一篇關於教育的短評，其他性質的新聞版，亦各附以不同性質的短評•在一些報紙中，曾很受讀者的歡迎。現在篇幅既少，短評在各報中也多已成爲聊備一格的言論，不過有時也會有一二篇可讀的文章出現。此外還有一點與社論不同的地方，便是現在報紙的短評，有時偶爾談談當地的社會問題，這類議題，在今日的社論中是差不多已是絕口不提的了！

（二）專欄論文，在第四章報紙言論的發展過程中，曾說明這是一種雜誌性的言論，因爲世界政治經濟的發展太快，一種有時間性的論文，在雜誌中發表，往往成爲明日黃花，基於作者與讀者的要求，這種言論遂由雜誌轉入報紙。不過這種專欄論文，在今日中國報紙中却不見得全與上述的情形符合，因爲今日中國報紙中的專欄論文與其說是基於時間性需要而要求在報紙上發表的文字，無寧說是報紙因爲專欄論文已習慣的成爲報紙必具之一格，而時時設法去找些論文來，準備於稿件不够時塡滿篇幅。所以中國報紙的專欄論文的搜求，也成了中國今日報社主筆的任務之一。目前這種論文大體以翻譯外國雜誌論文爲多。這是抗戰以來，在抗戰第一的影響下而形成的風氣，我們成爲盟邦之一員後，這風氣遂更展開。世界一切問題的展開都會影響到中國，中國人遂大家都熱心的想知道世界上發展着的一切。英美著名雜誌中比較重要的論文，尤其有關中國而可能發表的論文，各報都在爭先恐後的搶着翻譯。在這要求下於是發生了兩個要求：（一）是外國雜誌的來源，（二）是誰來翻譯。外國雜誌，二次世界大戰發動後，尤其滇緬路不通了之後，在中國已幾乎成了只有官方機關才能獲得，中國的對外宣傳機關或是各外國駐中國的大使館，幾乎獨佔了這類材料的來源，報紙只有向這些機關設法借用。翻譯工作則臨時由主筆找報社內或報社外的朋友負担。這種要求的殷切，使外國使館的宣傳機構新聞處有了發展的機會，尤其美國新聞處，更用了大部的力量作這工作，不只設法覓求最新的美國雜誌到中國來，且聘請了中國人，担任翻譯成中文的工作，以減輕中國報紙的負擔，而達到他們的宣傳目的。不過因爲中美交通只靠飛機，美大使館新聞處從美國獲得材料也不容易，所以這類材料，也不能作到源源不斷、☐

除了翻譯的文字外，專欄論文在今日中國報紙中偶爾也有些由中國人寫的論文，談國內政治問題的幾乎可說沒有，一般的都是談國際問題的，經濟問題的，社會教育問題的，但是好而重要的也非常之少。這類文章由主筆去約人寫的時候已經很少，大致都是有人有意見想發表時，寫了送給報社供他們採用。也有些報紙有比較好的參考資料的供應設備，於是用本報資料室之類的名義而寫的一些「一週國際，經濟，軍事述評」之類的專欄文字也有。還有的報紙效仿外國報紙的作風，用「本報外交記者」之類的名義，每週寫一次對國際問題的分析，想造成一個權威的專欄記者，但是也沒有什麼顯著的成就。

總之專欄論文，一般的說來在中國，還沒有很好的發展。——這當然有牠的社會緣因。目前專欄論文，在報社說，沒有很好的計劃，叫牠充實；也沒有想到自己要獨創一個什麼風格；什麼問題也不能展開討論。於是專欄對於許多讀者等於虛設，報社也只是把牠交給主筆，請他注意找點材料，以補編輯部新聞稿不够填滿版面時之用，於是奄奄無生氣，這實在是非常可惜的一件事。

（三）副刊在抗戰之後，可說是中國報紙中副刊的「式微」時代。在戰前副刊是報紙與報紙競爭的一個主要部分，拉到一個名人編副刊，可使一張報紙聲價十倍。而報紙副刊，對中國的新文化運動，且確曾有過相當的幫助，像過去上海時事新報的副刊「學燈」，北平京報的副刊「京報副刊」，晨報的副刊「晨報副鐫」，和所附週刊，都會在新文化界中起過很大的作用，副刊編者像鄭振鐸、孫伏園、徐志摩，都是一時之選，而過去各報的週刊編者作者的名字，如在今日列出來看，你會驚訝那麼些知名的人，和報紙有過關係。京報七種週刊之一的「莽原」是魯迅編的，便是一例。因爲過去有這種歷史，所以一直到抗戰之前，中國各大報，一定有一個副刊，或是把副刊化爲七種週刊，或是副刊之外兼有七種副刊，七種副刊的性質並不一定，政治，經濟，自然科學，文學，藝術，戲劇，電影，漫畫，攝影比較最多，當然也是因爲這些性質的週刊比較有號召讀者的力量。以上是說新型的副刊。還有一種舊型的副刊，文化界的人雖很輕視牠，可是牠對一般報紙讀者的影響，從讀者數量來講，恐怕牠還要大於新型副刊，這種副刊是由中國最初有報紙時的副刊「文苑」蛻變而來。「文苑」的內容包括了舊詩詞唱和、詩話，詞話，筆記小說，章回小說一切舊的文藝。由此蛻變而來的舊型副刊，自也跳不出這個窠臼，不過爲了追隨時代，內容加添了一些，性質也有了不小的變化。像筆記之類變成了遊記，短篇小說，以及編者所喜歡寫的每天一段感想之類，科學常識也在「瀛談」的標題下，開始介紹，最能號召的，還是章回小說，有的報紙甚至副刊中什麼別的也沒有，只刊四五篇章回小說。這類副刊有名的編者，像周瘦鵑，嚴獨鶴，張水恨等都是。

所以戰前一張大報爲了號召，往往是既有新型副刊，又有舊型副刊，兼有七種週刊，眞是蔚然大觀。副刊性質既然如此龐雜，於是同一報紙，矛盾言論在所難免，而報社當局也不以爲怪。因爲各種副刊擁有全不相同的讀者，對不愛看的副刊可以不看，自不會發見矛盾，讀者沒有意見，報社當局從商業的立場上來看，各種貨有各種主顧，樂得兼容並包，以求銷路擴大。抗戰之後，報紙篇幅大減，於是副刊再沒有了從前的聲勢。甚至有的報紙爲了廣告的關係忽而副刊地位擴大，忽而地位縮小，忽而半月不見，忽而連日都有。有的報紙不贊同這種「手風琴式」副刊的辦法，而固定下來副刊地位，但也至多六欄，不能再分更多的地位給牠了。副刊性質，例是新型文藝性的多被保留下來，舊型的比較少，只在小型報紙中還殘存着，而每天一種週刊的形式，也有的報紙採用，但更少了。總之不論牠是什麼性質的副刊在目前中國報紙中已失去牠過去的光輝。

過去在中國報紙內，更有一種副刊，值得令人追憶的，就是爲「社會服務」性質的副刊。有的是週刊，有的是三日刊，間日刊，甚至是日刊。這其實並不是副刊，而是報紙屬於民衆的本質的一種表現。這種性質的副刊的在報紙中出現，是出於一種慈善的動機，介紹職業，介紹義務醫師，介紹義務的法律顧問，發起多賑募捐等等，這種工作由於民衆的要求而日益擴大，於是週刊而三日刊而間日刊而日刊的本身先發展起來，於是不再用副刊的名義而名之曰社會服務欄或社會服務版，成爲不是新聞也非言論的一種報社的行動，成爲組織社會羣衆的一種力量，在一個好的社會環境中，還發展是不可限量的，但是在壞的社會環境中，牠不只不能展開，且或爲了牠的性質而不能存在，像爲民衆介紹義務法律顧問這一行動，就等於是向惡社會勢力宣戰，著者曾有友人因任社會服務版太熱心扶助貧苦大衆而受到暗惡勢力的恫嚇，但也看見過惡棍利用社會服務欄記者名義，在社會上招搖撞騙，依社會民衆之要求來講，這一欄或一版在戰時的報紙中比文藝副刊實更爲需要，而事實上却不存在，於是事實也就說明了牠所以不能存在的原因。

（四）讀者論壇：在前面已說明了讀者論壇，在中國報紙中是不存在的，因爲是「庶人不能議」的時代，現在報紙中只偶有一種讀者通訊，以半報告新聞一半敍述己見的書信儀式，在報紙中吐露些民間疾苦，在報社，鄭重說明這是要具眞姓名並文責自負的，但仍可能有些民衆不怕事，藉此機會說出來他們胸中的苦痛，大部分報紙自然不願找這類麻煩。所以這一種似言論非言論的言論，在現在也只是微弱的幼苗，他的不會發展與社會服務欄不適於存在都是受了事實的限制。

總觀上述中國報紙言論的現狀，很可以得到一個黯淡的印象，就是不論那一種言論都沒有很好的發展。社論談不到健全，短評警闢時不多，專欄論文報社還未能重視，副刊已成聊備一格，而讀者論壇，更是若有若無的一種現象。在我們談中國的新聞來源時，已看到了新聞方面的貧弱，現在又研討過了中國報紙言論，結果又是這麼窮乏，中國報紙之亟待改進，自然不言可喩。說今日到中國新聞界中工作，和到西北去墾荒性質並無不同，實在是一點也不誇張的比喩。

第十三章　改進中國報紙言論的計劃

中國報紙的言論現狀雖然是在一種黯淡的空氣中，但相信，牠是會伴隨着中國政治經濟的進步而前進的。至少，我們許身於新聞事業的人，應當希望牠有進步，而且要相信這進步全靠了我們而達成，在這信心下，我們應先樹立起來，我們希望中國報紙言論所能達到的目標。

在未談報紙言論應作到那一目標之前，我們先應認識今日中國報紙言論在客觀上肩負怎樣一種責任。

中國今日是一個文盲極多的國家，到如今甚至還不能舉出來一個可靠的正確數字，說明文盲佔全人口若干分之若干，至於能看報的人，當然更少。照過去上海報紙的當地銷路和人口比例來看，大約看報的人爲人口的百分之一，當然一份報看的不只一個人，可是我們不能忘記上海在中國已是一個最進步的都市。所以說百分之一的比例，決不會估計過低，只怕是估計過高了。有另一事實可以作證，民國廿八年全中國根據內政部的登記，共有報紙一千九百零六種，銷路平均以二千份計算（這已是很高很高的估計了）報紙的銷行總數不過三百八十一萬二千份，還不及英美首都一份大報紙的銷路，與中國人口的四萬萬五千萬相比，其比例也低於百分之一。何況中國今日大報銷路也不過一二萬份，這種報怕連十家都沒有，其餘就大都是幾百份一天的報了。又抗戰以後，沿海沿江大都市淪陷，報紙數量，當然更減。

中國報紙言論的影響，雖然至多只能影響中國全人口的百分之一，但是這四百萬人，是對中國最有力量的人，中國今後的命運，將靠他們的努力決定。所以這影響決不容輕視。「中國的改造」，這條船的駕駛非是有知識的人不可，第一我們應當叫這已是百分之一的少數中國人，在駕船時不能忘掉其餘百分之九十九的生命也在他們手中。再則如果駕船的人實際上又是這百分之一中的千分乃至萬分之一的時候，這多數的也有駕船知識的人，自應負起監督駕駛的責任，以免船在大洋中沉沒，溺斃所有信賴駕駛人而將生命委託給他們的乘客。三為這百分之 的少數人中，（除了任駕駛者之外）也還有知識水準的不同，分工的門類的不同，他們分散開誰也不能負起他們應負的監督責任，一定要組織起來才能形成力量。因此中國報紙言論遂很清晰的一共有了三種責任：（一）喚起百分之一的中國人為其餘百分之九十九的中國人的幸福而努力；因為那百分之九十九的人沒有能力，要教育他們，幫助他們，不能欺騙凌虐他們。（二）注視駕駛者所走的航路是否正確，隨時以所見所聞報告其餘的百分之一的中國人，並徵詢他們的意見，再反映給駕駛人。（三）組織駕駛者之外的百分之一的中國人，使成為力量，以執行對駕駛人的監督權，和對其餘的百分之九十九民衆盡教育幫助的義務。

肩負這樣責任的報紙當然是民營的。這「民」當然也是那駕駛者之外的百分之一的少數中的份子，其實如果駕駛人是沒有私心的，是想爲了中國全民的幸福而努力，他們也會感覺需要這種報紙，甚至就是他們辦報紙，也應以那民營的報紙的目標爲目標，不過沒有私心的駕駛人太少，遂至常常有連民營報紙，都不希望牠存在的事！組織駕駛者之外的百分之一的少數使其發生魔力，再代表領導更多的百分之九十九民衆行動，也就是報紙求自存的方法了！

中國報紙言論應作到的目標旣爲上述三項，那麼中國報紙中的言論，不論是屬於那一種，——社論，專欄論文，副刊，乃至讀者論壇，遂都應以達成這三項目標爲主旨。不過爲了其本身性質之不同，其表現的方法也遂不能一樣，以下我們將進一步逐一的再作一番研討。

（一）社論：社論是一個報社的主張，前已說過，有的報紙稱社評，意義完全一樣。社論是隨着新聞走的，每天都有重要新聞，每天的重要新聞也就是社論的論題，所以社論有很強的時間性。因爲有時間性，所以每一社論所提出的主張，也應注意到時間。社論並不要提出什麼百年大計而應提出眼前即可實施的計劃，比如在二次世界大戰中，西西里島攻克，奎比克會議宣言未發表前，舉世都在關心着蘇聯與英美對歐洲政治問題的能否調協，這時寫社論就可以把中心放在促成蘇美英三國會議上，要求三國立卽集會。因爲只要三國會議開成，對歐洲的政治問題自易求得決。等到三國會議決定召開的新聞到來，寫社論時，可再進一步討論三國應如何，決歐洲問題。隨着新聞的發展，不要提太高遠的主張，因爲社論的中心應是每天希望實現的事，這是社論與其他論文不同的地方，同時寫社論的時間與報紙，刊載社論的地位，自也是限制社論使成爲型類文字的緣因。

也就爲了這種緣因，社論乃成爲行動的直接指導，牠有時不是提供原則，甚至是提供辦法，於是牠比其牠論文對實際遂有更大的影響。

明白了社論的這種性質，我們就應了然，社論不是阿貓阿狗，會寫文章的人就可以寫的文字，這不是紙上談兵，而是行動的南針，所以一個報社對寫社評的人，一定要非常愼重的遴選。在中國他一定對中國的未來有一個整個的看法，同時那看法，一定還有配合的上世界的發展，只有看法只懂得瞭望遠境仍不够，更要備有由近及遠的路程指南，了解怎麼走。具備了這一切，他對一些問題提出的辦法，才能百川滙海般的，最後仍能聯貫在一起，使一個報社具有一貫的主張。中國報社的社論，因爲約人寫社論時全未注意到報社應有一貫主張這一問題，於是約三四個人寫，各人有各人的看法，主筆也只改改，顯然與報社最近主張抵觸的話，以致讀者雖天天讀他的社論，也說不出來，這個報社對國事到底有的是什麽主張，——這是說有點判斷力的讀者。至於只能接受，全無辨別力量的讀者，接受了這報紙的影響，但是對國事，依然理不出來一個頭緒，所以一個報社的社論雖多注意當前問題的解決，却也不能沒有一個有體系的整個看法，否則就無異造了許多機器的輪軸，結果接連不到一起，不能運轉，仍然是一堆廢鐵。

寫社論的主要目的是提出來立即可行的建議，還只是一種形式；社論還有一種形式，就是解釋一種事實。一種事實的發生有些人因爲知識不够不能理解，而茫然不知所措。或者是略有些知識的人，不肯細心的研究，往往固執自己的成見，就像戴了着色眼鏡看各種現象一樣，什麽都是那副眼鏡片的色澤。這兩種人就都需要一種解釋性的社論來幫助他們了，像過去蘇聯和德日訂蘇德協定，蘇日協定時候，會引起舉世的疑難，甚至到最近，仍有人在以蘇聯的對日態度，似乎是不反侵略爲言，但美國官方却已有人承認蘇日間的現狀對盟國有利了。如果報紙的社論在蘇德蘇日協定簽字時，能說明蘇聯決不會不反侵略，在現在由事實證明，這個報紙的社論，自然可以獲得了讀者的信仰。再說解釋性的社論之可貴，尚不只此，社論雖是解釋性的，其實質，自然仍有一種主觀的主張在這解釋性的背後，這實質也許在很長的解釋之後淸描談寫的說一句，也許根本連說也不說，卽或不說，也不能抹煞了那實質的存在。例如在蘇日協定簽字的時候，我們是在對日作戰，有的人以爲蘇聯這一協定的簽訂對我們簡直是不友誼，其實我們的判斷不應當如此單純，卽使退一萬步單就縱横捭闔的外交技術言，也不應當那樣性急，所以在當時說蘇聯決不會不助我反侵略，雖然他已和日本訂過了蘇日協定。對中國從各方面看，如此說，都有利益。（記得中宣部當時指示各報寫社論原則時，也差不多是類似的主張。）這種正確的解釋及時的刊出，可以遏止糾正不利國家前途的說法，對國家是有極大幫助的，所以解釋性的社論成果，雖不像作積極建議的社論之有直接影響，但牠的影響往往一樣深大！

總之社論是一方向政府，代表民衆提供關於國事的意見，一方也是向民衆提供應要求政府如何處理國事的意見。對民衆是宣傳一種主張，並希望由宣傳而發生組織的力量，得到民衆有組織的力量的支持，再進而監督政府的工作。報紙的社論在未來的中國內，其任務的重大由此可以想見，對於一個民主國家，報紙的言論力量至少與議院中議員的力量可以相比擬，並且議院與報紙也是分不開的民主力量，沒有有力的報紙，議院也就沒有了力量，是以肩負了一個報紙的言論責任，差不多等於作了議院的議長，對國家的前途，他也担負了一種責任，決不容許輕率從事。這是在未來中國中作新聞從業員者，不可不時時用以自警的座右銘。對一個問題未經仔細的思考並獲得了結論，不能隨便發表意見；所發表的意見一定要是交給你自己執行的時候，也能行的通，而不是不負責任的放言高論。中國在這樣有責任心，眞能代表民衆利益，並確具有科學進步的思想的言論監督下，才能獲得進步！決定獻身新聞事業的青年的責任，就是使這樣的言論在報紙中實現。

寫短評在原則上也和寫社論差不多，不過短評在建議，解釋之外，有時依照習慣可能還是諷刺性的。諷刺雖然似乎是屬於破壞性的文章，不像建議解釋之屬於建設性。但是諷刺也有諷刺的力量，諷刺對於感覺麻木的人，比建議解釋要來得有效的多。所以看來雖似破壞，結果却往往是建設，不過這是要認清對象，環境而應用的，不適當的應用，也可能產生與預期相反的結果。還有諷刺的文章，有時不免流於輕浮而失掉了莊嚴，或者發生以詞害意的弊病，為求文字的俏皮，使要寫文章的本旨反致晦黯，所以諷刺性的短評，要很慎重的寫作。

還有，寫短評，雖寫的是屬於建議與解釋性的，也與社論的寫法，不盡相同，短評要求的是簡鍊，三言兩句要把一件事說明，所以很長的說理文章，不適用於短評。如果必須說很長才能說明的建議，反覆陳述才能使人了然的解釋，最好不要想用牠們來作短評的內容。

（二）專欄論文：專欄論文是雜誌性的文章，雜誌性的文章與社論不同，牠具有更多的研究性質，牠有結論但這結論可能與事實還有相當的距離，就是說可以有很大的理想成分。而社論的結論則一定要現實到可以立付實施。專欄論文雖說是因為有時間性才由雜誌轉入報紙，可是那時間性比起社論來，却又沒有社論那樣尖銳了。專欄論文，在二次大戰中探討戰後問題，並不會有人覺得所談問題太遠，但是社論如在二次大戰進行中，忽然泛談戰後問題而當前沒有一點事實使人感覺當時已有討論戰後問題的必要，這類社論便不能算好社論。社論可以把握一件事在發展中的一段而提出來具體主張，但專欄論文則應把握這一件事的整體，這就是說社論多屬於行動的指示，而專欄論文則側重於理論的建立。——因此報紙中的專欄論文並不一社論不重要。但是目前中國報紙的專欄論文，顯然沒能表現出來他的重要性，這就是因爲辦中國報紙的人，還未在這比方面予以應有的重視。

專欄論文依照他回到報紙中來的原因——時間性的把握。這一點，今後應當予以適當的發揚。這就是說就着牠的本身特性（側重理論的探討）再求其配合新聞的發展。例如在二次大戰中，勝利愈接近，戰後問題愈逼緊的等待解決。一個報紙，很可以集中牠的力量在討論這一問題上，有系統的介紹英美蘇雜誌報紙上關於戰後問題的文章，然後再請國內的專家們依據他們的認識，站在中國人的立場上，對於戰後問題提出來一些意見，這一工作，一方可以叫中國人了解世界上各國的知識份子，對戰後問題具有如何的一種看法，同時還可以把中國人的看法介紹給世界各國，這一工作對於戰後世界的建樹是有極重大的意義的。——這不過是舉一個例，只要報社能够用力量在專欄論文上，配合新聞建樹有力的理論研討，使專欄論文加强報紙的地位是很容易辦到的。像法國民族解放委員會，自由德意委員會與歐洲淪亡國家的重建問題，在至比克會議之後，不是顯然已構成一個非討論不可的問題了麼，這一類問題，不斷的在產生，專欄論文自永不會憂慮找不到一個最惹人注意的中心議題可供討論。

專欄論文，有的是出路可供報社選擇。他人着重了未來政治問題的研究，你不會注意最近，軍事問題的研究麼，介紹世界上有名戰略戰術家的意見，分析每一戰役的成敗，推論各戰場今後進攻的方略，也可以獨立的形成一個作風，使讀者不能不重視你。再如以中國的戰後建國爲中心，這也有的是問題可以展開討論。即或不喜歡這種集中一個論題的辦法（其實集中討論，等於雜誌出專號，乃是一種號召的方式）而喜歡各方面都注意到，只要沒有一篇論文不是精心選用，在刊載的段落上，不顯出來是隨便交給工友代打的「未完」，而確曾經過編輯的決定，（現在顯然是未編，而硬堆上去的）讀者也會査覺報社的不苟精神，而予以特別注意了。

專欄論文的精心處理，可能比社論更給讀者以決定的影響。這影響，是在讀者的腦子中建立一個理論的基礎，這基礎如能確立，比只爲有時間的行動的指南的社論，自然會有力的多。

所以今後專欄論文，在報紙中，無疑的會一天比一天佔更重要的地位，而牠的追隨世界新聞的發展這一特點，也將一天比一天顯著，否則報紙就不會有地位分給它。

此外現在羼入社論中的星期論文，我們可以說那本是專欄論文，爲了寫作人的社會關係，報紙想加重牠的言論分量，遂容牠侵入社論地位。另外也許是爲了寫社論的人想每週休息一天，而訂出這樣一種辦法。這並不一定是一種好辦法，著者以爲以後應希望專欄論文每天都很精彩，都由有名的人寫作，像現在的星期論文一樣，尤其是一天刊完這一點，能夠像星期論文就更好。專欄論文地位也樹立下牠的權威時，自無庸去侵入社論地位以爲榮了，至於社論作者的休息問題，那是可以由報社的組織方法去調整的，容以後再談。

（三）副刊：副刊是未來中國報紙中很難處理的一個問題。副刊在報紙中的產生，是基於人類精神生活的要求，（見第三章）像正在上演的戲劇電影介紹批評，正在展覽中的書展的介紹批評，新出版書籍雜誌的介紹批評，都是人類要求要看的，報紙自應滿足這一要求，可是如何滿足的方法，却要仔細的考慮過。

我們試分析一下過去中國報紙中各式各樣的副刊，那眞是太龐雜了。我們先把牠分成兩類卽有益的與有害的兩種。

一　有益的：一切的新型的綜合副刊，趣味高尙，不刊含毒文字的舊型綜合副刊，各種學術性的週刊，半月刊等。

二　有害的：含毒的新舊型綜合副刊，迎合人類低級趣味奢侈淫逸慾望的各種周刊臨時刊等等，如評頭論足專講明星私生活的娛樂版，敎人描眉塗脂以及戀愛技術的婦女專頁，提倡賭博的賽馬特刊，甚至掛「提倡體育」之名而實在是視鬥人如鬥蟋蟀鬥雞一樣的體育版之類。

無疑的有益的副刊，今後在中國報紙中應當發揚成長，有害的應當悉予淘汰，但是就是有益的副刊，也應當切實的爲之計劃整理一下。

著者以爲凡是雜誌性的週刊半月刊，應當叫他們依其原來的性質仍編入雜誌。像過去報紙中的七種週刊辦法，實在辦的好的很少，最大的毛病是地位有限，刊長文一次一篇還有時刊不下，刊短文，那裏能研究什麼學術，所以不如由報紙集中力量辦一週刊，每星期日出版，隨報附送，一切研究性文字，可都入此週刊：（一）那一方面的學術研究都可容納，不再像七種週刊只限於七種。（二）每星期日出版，可使工作人員在假日有充分時間閱讀，不似每日一週刊，使怱忙的人無暇閱讀，或因讀報延誤工作。（三）一週時事述評之類新聞研究文字，也入週刊。（四）文藝也沒有天天在報上刊載的必要，可入週刊的文藝欄。如此報紙的性質才能是純報紙的，同時使過去報紙介紹的雜誌性文字仍未減其普及性（因週刊隨報附送），且介紹的更有條理更適時（在休假的星期日附送）

同時過去在週刊中的新聞性文字一律分剔出來，每日報道。如戲劇，電影，書展，新書，介評，自然科學社會科學界的新聞，都應或闢新學術評介專欄，或用特寫介紹，更加强其時間性。

這樣不是副刊就被我們給用手術解剖了麼？是的，我們的目的也正在此，如果副刊中的長篇連載小說和連續漫畫，感覺不能沒有，可以刊在報紙的任何一段的下方。但是不是就取消了副刊，不，仍舊要副刊而使他成爲報社讀者與社會間一切問題的討論園地，這就是說，著者想把過去報紙中的讀者論壇，讀者通訊，社會服務欄，副刊編者每天一篇的談話，這一切的內容集合到副刊中來，使報紙今後的副刊成爲與人類社會呼吸相連的刊物，大事、小事、在社會上發生存在，值得研究討論的，都可搬到這裏來研究討論，使牠成爲一個社會科學的實驗室。我覺得新中國的建設過程中，太需要這樣性質的刊物的幫助，我所以提出這個口號，文藝副刊讓位到週刊中去，副刊應當一律改建爲社會科學實驗室。我相信那一個報紙能首先實行這個計劃，那一個報紙將因爲牠的副刊而爭取到最大的銷路。——自然更先決的條件，是要有言論自由。

著者的理想是想叫副刊成爲社會的鏡子，一切都由牠反映；不是空空的反映就完了，而是由編者來領導討論，那反映出來的一切，於是反映之後加上討論，在社會中牠將產生「宣傳正確看法，又是組織大衆擁護這一正確的看法」的效果。副刊由這一計劃，才能實行本章最初所說的報紙言論所應作到的三項目標。這也不是什麼創見，這是過去上海立報副刊「小茶館」所曾走過的舊路，不過這想法自然比「小茶館」更進了一步而已。

同時也就在有了這副刊的調整計劃後，我們再用不到去討論報紙中的「讀者論壇」這類言論，應當如何發揚的問題了。

以上所說的一切都是根據中國過去報紙的言論實況，而提出來的一個具體的改革計劃，陳義並不太高，因爲目的在能實行。但是使這裏所說的一切，不折不扣的在報紙中，成爲事實，却怕也不容易，因爲這並不只是新聞從業員的認識技能進步就可實現的。不過新興的新聞從業員應至少有這種理想，在其胸中孕育，已是不可或緩的需要，因爲他們應是新中國建設的先鋒，負有推動社會前進的責任，決不能落在社會發展的後面，等社會來推動！

在這章裏，對於主持報紙言論的人的能力資格要求，談的不多，因爲在以前的第八章，第九章第十一章，都曾談到一個記者所應具有的能力，主持言論，自然只能比前述的作一個記者的能力要高而不能低，這個原則不須指明，大約大家也可想到。所以說一個報社的頭腦組織，大家放下筆，就可以組成一個內閣，肩起來一個政府的責任，應當並不是笑話。至少著者是在希望中國的大報紙將來能由中國的第一流人才來主辦。

第十四章　管理報社的原則

在第七章中，曾說本書所作的新聞學研究共分兩部分。第一章至六章是關於第一部分「新聞學理論」的研究，以下是屬於第二部分「報紙的製作與報社的管理技術」的研究。由第七章到十三章我們已將報紙的製作技術的各方面都討論過了，以下的研究，遂輪到了「報社的管理技術」。

要研究「報社的管理技術」，我們還是應當先了然報社的管理現狀。

談到管理一樁事業，——生產的事業，其生產的成果，準備使它成爲一種商品，到市場上去銷售，換回資金，來維持或擴大再生產，管理的原則自然完全一樣。報紙和普通的商品雖然不同，但牠今日仍然是商品，製造是爲了銷售，在這原則未變前，管理一個報社和管理一個商品製造工廠，應當毫無不同。

商品製造工廠的管理，目的是在逐求工作效率的提高，最終目的是多獲得利潤。這種管理自然須是整體的，由原料購入到成品售出，整個的由製造到銷售的全過程，都須管理。要力求製造成本減低，出品成績提高，生產時間縮短，銷售市場擴大，資金流回迅速。報社當然也須如此，可是中國今日的報社管理，決不能與一個中國現代化的普通工廠管理相比，因為報社的管理顯然的落後多了。

最大的緣因，當然是新聞事業，在中國，還未被認為是一種企業，過去大約只有上海的幾家報紙，曾經約略具有企業的性質，其他大約都還談不上。這當然也有牠的史的傳統關係。中國報紙的肇興，雖是商業的發展所促成，（所以最初的報紙剏始，非在香港即在上海。）但是賡續使報紙在中國發展的原因，却是政治强於經濟，而當報紙在中國剏始之際，外國報社的管理組織也還未具有大的企業機構的規模，讀英國新聞發展史，可以發見初期的英國報紙的發展經過，有很多地方與中國報紙的發展經過，不謀而合。常是一個知識份子由寫而編，而印，而售，全部包辦。中國的報紙既是效法當時的外報而肇興，當然不會效法到今日各國報社細密的科學管理規模。

又因為報紙這商品的特殊性質，他的製造全過程中的主要部分，是知識份子的腦力，自然這種智力勞工的發言權，就會增高。

以上幾個因子遂造成了過去中國大報紙的管理困難，組織的舵軌。

著者曾和朋友說過這樣的笑話，「中國的社會性質，由中國報社組織都可以看的出來」，因為報社內部完全是一種封建割據的局面，就是前面說過約略具有企業性質的報紙，也是一樣。編輯部經理部是完全對立的。編輯部要抽去廣告，多刊新聞；經理部要多刊廣告，抽去新聞；這類糾紛，是常常聽到的。至於印刷部分的不聽編輯部指揮，發行部分的以販賣者爲後盾而要挾報社，皆屬常有的事。再小的糾紛，如校對與工友之間，廣告部分同人與工友之間，簡直數不淸說不盡。

在這種情形下，使一個看見過科學管理機構的人，會天天爲那報社担心，牠明天是不是能夠照常出版，這的確不能說是過慮。

爲了糾正調整這不合理的報社現狀，以求配合報紙製作的進步，也是爲了求報紙能夠因爲報社的機構健全而更發揚牠的使命，所以對未來的報社管理問題，必須有具體的精密的探討。

不過在討論報社的管理問題之前，必須先確定報紙今後我們是否仍不擬改變其商品的性質，報社是否仍令其成爲企業？在第六章中國新聞事業展望中，我們已差不多作了肯定的答覆，因爲依中國的社會發展前途來看，我們只能使中國的新聞事業走上這條路。這一前提肯定，於是報社的管理，必須採取一般大企業的科學管理方法管理不可，那管理也沒有什麼特別，不外實現：（一）權力集中（二）厲行法治（三）由細密分工而歸於機動合作幾個原則而已。

爲了求一個事業有效的發揮力量，非有一個健全的組織機構不可，報社需要的健全的組織機構，就是說把由社長到送報報差，給組織成了一具能動的機器。一定要組織的好，這機器才眞有用。機器的組成靠了事前的構圖設計。一種事業的組織，是靠了事前的立法。立法的目的，是分工是判明責任，同時還要引導着由分而合，構成一個整個的不可分的力量。

講原則都很簡單，可是製定一個具體可行的計劃，却不是一件容易的工作。以下，根據著者的經驗，斟酌中國報社的現狀，及對其未來發展的情況的推測，擬訂一個報社的管理計劃，貢給未來有志辦報的朋友們參考。這個計劃中也包含着若干個人打算試驗的理想，但不是與現實環境脫節的理想，希望也能有助於想辦報的同志們！

現在先從總的組織講起：前面會說今後經營報社，應當和經營企業一樣，不然很難成功，經營企業的第一步是集資，辦報當然第一步也是集資。要集資就要決定採取什麼形式，獨資經營？合夥經營？還是股份有限公司？依理自然應當是採用最進步的形式——股份有限公司，不過依照事實也許多半是合夥經營，詳情將在以下說明。

辦報在經營管理方式上儘可企業化，但是這企業到底與一般純以營利爲目的的企業不同，對民衆講，它是他們的精神食糧，對社會講，它是軍隊而外的最有力的武器。想經營這企業的人，決不單純是爲了營利，——雖然可能利潤很厚，而附有教育民衆，監督社會的目的，甚至這是主要的目的，根本能否牟利並不介意。這是其他企業所不會具有的特點，所以在集資時，這特點也增加了牠的困難。一般企業集資時固然要注意到「志同道合」，但決不像辦報時所要注意的那樣尖銳。其他企業不過注意人能否合作，並且只要事業賺錢，股東大致就不會有什麼意見，辦報則不同，事業雖然賺錢，股東還可能因爲主張認識的不同而發生糾紛。所以今後辦報如果不是獨資，而須集資時，股東的社會科學方面認識，竟非先求一致不可，不然這報社的前途就很難樂觀。

過去曾有人採用過一種集零星的民衆資金辦報的方法，由幾個在文化界中有聲譽的人出面，刊廣告，說打算辦報，但是缺乏資金，希望社會人士予以幫助，很少的數目（如未貶值前的國幣五元或十元）即算一股，並且限制至多每人不得認股至十股或五十股以上，更不得化名認股，以避免大股東的操縱社務。這就是說，想以民衆爲後盾，辦屬於小資產知識份子的報，戈公振等，都曾在上海試行過。不過在中國民衆知識落後，和有識民衆尚未具有熱心社會事業風習的環境中，這計劃在過去未能收效，在將來，窮文化人要辦報，這還是一種可以採用的方式，不過政府許否採用是一問題，（目前政府對「募捐」，已決定非經核准，不得進行）還有能集的資金，也怕有限。難與大資本的新聞事業競爭。

至於用股份有限公司的方式，公開募股，一定是先有了佔有過半資本額的基本股東，才會採用。大家知道入股也是去作尾巴，當然沒人願意嘗試。還有由基本股東分頭勸友人加入的辦法，這樣雖然還可能有組成股份有限公司的可能，然而也許仍會採合夥經營的形式，因爲政府管理股份有限公司，嚴於合夥，以致現在大家誰也不願去自找麻煩，這一情勢不變，新聞事業的股份有限公司一時恐怕頗難形成。

於是新聞事業遂只餘了獨資和合夥二型了。大約將來有野心的資本家的個人獨資或政黨獨資是一種方式，由若干有政治興趣的資產者出資聯合政治興趣相同的文化人合夥，或是由職業的組合，如商會工業協會之類出資合夥，爲另一種方式。

所以從集資這一點來看，中國新聞事業的前途，在最近的將來中，與眞正「爲民喉舌」四個字，一定有相當距離。而知識份子從事新聞事業也將是附託於那些資本的基礎上的一種工作。不過想使自己的工作有益於人類，却仍不是全不可能。最好的環境當然是投資者的目的爲牟利，沒有政治要求，可以由主持人放手作去。在個人獨資或職業組合合夥辦報的形式下，可能有這環境。至於政黨獨資，或有政治興趣的資產者合夥的形式，那在未加入其報社前，就應考慮在政治觀點上能否一致的問題了。

不論運用怎樣的資金辦報，報社的社長這個人是全事業的中心，毫無疑問，他不只應是一個澈底了解報紙製作技術的人，還必須是澈底了解報社管理技術的人，就是說他須是可以在報社中作總編輯，也還可以到其他大企業中去作經理的一種能幹人物。有了這樣一個人作中心，一個報社才能有希望辦的好。

人之外制度也很重要。社長對出資者所負的責任，和他的權限應當釐訂的很淸楚，例如訂定股東大會是報社的最高權力機關，由股東大會產生的董事會是經常監督和決定事業最高原則的機關，其餘的事權，一律交給了社長，不再過問，這樣事權集中，社長方能放手作事。這些要有一套法律：「股東大會規程」「董事會規程」來訂定的，社長的產生，服務年限，權力的範圍，以至他的進退標準，都要詳細訂入，以免日後的爭執。

社長的權限責任弄清楚了，進一步便是他對下的組織管理問題了。最先自然是要擬訂一個組織系統：著者主張的報社組織系統如下圖：（見下頁）

這一個組織系統在社長下所設的總管理處是一特點，目的在作爲輔助社長處理社務的一個機構，由副社長主持。其各組與各部廠不直接發生關係，但各部廠工作人事皆由各組負責考核監督。例如各部廠工作報告，皆先由考核組審核再向社長報告結果。各部廠人事考勤奬懲，皆由人事組向社長報告決定。秘書組負責社長交辦不屬於各部廠之工作，如全社之文書收發，對外交際，對內抽查之類。有此輔助機構，對各部廠工作可增多一番考核，對社長則可減少其對日常事務經常監督之勞，而得專心於整個事業之計劃。

這一組織系統中之另一特點爲社長以下各部廠的負責人，都是一正一副。因爲報社與一般企業不同，他是廿四小時都在工作的機構，如以八小時工作標準講，應當有三個人轉値，兩個人已是最省的配置了。而各科股人員也應至少斟酌環境與事務性質，而分爲兩班或三班。關於負責人的分工。大致爲：（一）編輯部，總編輯應常値夜班，指揮報紙之言論寫作，新聞編輯諸事。副總編輯值日班，指揮採訪，副刊週刊編輯以及其他出版工作。（二）經理部，經理值日班，處理全部一切工作，副經理值夜班，特別注意廣告，發行，雜役管理諸事。（三）印刷廠，廠長應值夜班，管理全廠一切事務，副廠長值日班，管理廠中日間一切工作。

此外之特點爲各部廠皆有會議。而部廠會議之上，且有社務會議，以示集中管理，但仍留持民主精神。各部廠會議都應有正確會議錄，送社長參考。而各部廠有會議時，一方應鼓勵最低級職員踴躍發言，同時總管理處尙須派有關人員列席旁聽，俾使考核與實際工作密切銜接！這種會議，應爲每週一次。社會務議，至少每月一次，全社科長以上職員須一律出席。

關於這組織中各部廠以下的工作，將在以後一一詳爲說明，這裏暫先略從。

組織系統建立了，再進一步應當作的是總管理處，以及各部廠的辦事細則。在這細則中詳細說明每處或部廠內部，不只是每科、每股、甚至是每個人，應負的職責和他與其他工作人員或部門間的聯繫關係。靠了這種「立法」手段，使整個的機構分工臻於絕對的嚴密，而靠分工中訂立的更嚴密的各部分連繫的關係，組成一種機動的整體的合作。

辦事細則建立起來，還需要進一步，保證牠的切實實施，於是另一套「立法」手續要辦，便是全社工作人員獎懲條例的訂立。這種條例也要訂立非常細密，工作人員的勤惰考核方法，獎懲方法，特殊功勛過失的特殊獎勵懲罰，加薪進級的規定，勞動保險，家室子女興養教育的補貼等等，都要有清晰的規定。因爲報社要求工作人員供獻出來他最高的工作效能，當然也就應當爲他們解決養生送死的一切問題以爲酬報，在這原則下，雙方滿意，事業前途也就光明燦爛了。

報社的整體組織如能具上述的規模，已可說是近似於現代化的企業了。也就唯有在有了上述的規模之後，才能達到企業的要求：即製造成本減低，出品成績提高，生產時間縮短，銷售市場擴大，資金流回迅速諸目的。但是這樣一個報社的資本，是非龐大不可。以一九四三年秋季桂林的物價水準來說，資本至少須有一千萬才能辦（一千萬能辦的印刷廠，還到不了本書所述的標準），如果籌不到這樣的資金就不能辦，因爲今後的新聞事業，已不是小資本所能舉辦的事業了。

以上是就辦一個報社的總體而言，牠必須組織嚴密，責任分明，獎優懲劣，一切都很科學的作到，像一般用最科學方法管理下的企業一樣，想已可使大家明瞭了，但這說的，仍可說是原則，不過是進一步的較詳的原則而已，爲求更進一步使大家了解報社的管理技術，以下當就所假定的組織中的編輯部，經理部，印刷廠以及總管理處的內部詳情再作一番詳明的解說。

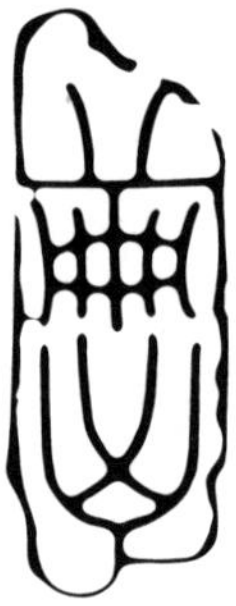

第十五章　編輯部的組織

先研究編輯部。著者理想中的編輯部事權統一於總編輯一人之手，因爲只有如此才能使報紙紙面統一，過去編輯部的總編輯與主筆「兩頭大」辦法，絕對要不得。同時這裏所說的總編輯的職權，與過去報社的一般總編輯也不相同。著者理想中的總編輯是陸海空軍大元帥。決不要他編稿，他計劃，指揮，決疑，但不上前線作戰。然而這樣事實上，他的責任且大於過去，他用的心力也比過去更多。

在編輯部下面擬設的各科爲：（一）言論科（二）新聞編輯科（三）新聞採訪科（四）出版科（五）社會服務科（六）校勘科（七）資料科（八）電務科等八科。

八科之下又擬分設各股如：（一）言論科下分：（甲）社論股，（乙）專欄股。（二）新聞編輯科下分：（甲）整理股，（乙）編輯股。（三）新聞採訪科下分：（甲）國際股，（乙）國內股，（丙）本市股。（四）出版科下分：（甲）週刊股，（乙）藝術股。（五）社會服務科下分：（甲）副刊股，（乙）服務股。（六）校勘科下分：（甲）報紙校勘股，（乙）其他刊物校勘股。（七）資料科下分：（甲）參考資料撰譯股，（乙）圖片書報供應股。（八）電務科下分：（甲）收電股，（乙）譯電股。

這本已見於前文的系統表內，但是必須略爲說明，否則讀者恐不能了解這種分法的主旨何在，甚且不明白其任務爲何。現在先說明各科股的任務。言論科，新聞編輯科，新聞採訪科，及其下所分各股的任務已用不着說明，這是基於本書第七章至十一章的理想而擬定的，凡看過上文的人，自會理解一切。但自出版科以下，便須各個略予解釋了。

週刊股，設出版科下是認定週刊只爲報社出版物之一，報社還可以另出書籍，畫刊，月刊，以及其他各式各樣的刊物。週刊乃合併文藝副刊及七種週刊而成，（詳見第十三章）這是適應中國讀者的習慣性要求，必須先辦，然而在報社組織上着想，牠却只能作爲出版科之一股。

出版科下設一藝術股，一是因爲週刊日報都有需要藝術家的要求。如週刊的設計封面，作扉畫，作標題裝飾。日報之版面裝飾，特刊欄頭裝飾，甚至刊載圖片如何可以美觀，以及廣告裝飾等——這是說裝飾藝術。還有週刊日報都需要漫畫，報紙週刊有漫畫也是特點之一。在未來中國報社不能養的住很多藝術家的時候，至少一個已可養的住。他的工作是各方面都涉及的，大致與週刊關係較多，所以就暫把牠編入出版科之下。

副刊股編入社會服務科之下，是因爲在第十三章中著者理想今後報紙的副刊，應成爲社會科學的實驗室，既然如此，很顯然那副刊的影響所及，必然的引起社會要求報社有行動，報社不能拒絕，自須有人來作那種工作，所以著者就決定設一個社會服務科，把副刊股（這當然是根據今日的習慣說法，將來有了通行的名稱，假定叫「民視、民聽、民言」欄吧！負責編輯這欄的一股，置於社會服務科下，就不會令人感覺特別了。）分設在牠下面，另設一個服務股作為配合牠行動的部門。在讀者要求於他的行動之外，牠自己也可以有許多行動，例如試辦民意測驗，舉辦座談會，演講會，讀書會，主持各種展覽會，以及音樂演奏，戲劇演出，籌辦圖書館，補習學校，函授學校，職業介紹所等社會事業。這是為社會服務，同時也是為報社擴大影響。

校勘科就是作校對工作的部分，下設各股，都是以所校勘的刊物對象而劃分，如校勘報紙者，校勘週刊者，校勘報社所出其他書籍刊物以及報社承印他人之刊物者等。即校勘報紙者，亦有日夜班的分別。如校廣告、副刊、週刊，可在日間工作；新聞社論等，便須在夜間工作了。

資料科下分二股：（一）參考資料撰譯股，它的工作是，凡須報社代讀者解釋說明的新聞，那解釋文字都由這股來寫作，或翻譯供給編輯部。這一股中的工作人員一定要能力很強，著譯都能，才應付的了報社的要求。（二）圖片書報供應股，所負為圖書照片分類保管的責任。編輯部或參考資料撰譯股需要書籍作參考，或需要照片製版，這一股須能一索即得。在國外報社中，只是照片保管，便是很龐大的設備。任何比較知名的人，比較知名的地方，大部有照片儲藏。一旦其人其事成爲新聞的主題，即可覓出製版，在報上刊出，而使讀者獲得一種親切的印象。再這一股中還應網羅一個能夠繪製地圖的人，遇有新聞須以地圖輔助讀者俾使親切了解時（在戰爭中尤爲需要），即應由該股負責供應。又剪存報紙，購置圖書使資料充實，也是這一股的責任。

電務科下設二股，是照目前中國環境而決定的。中國今日的電務科收電股所收不外（一）中央社電報，如過去滬港等大城市雖設有中央社分社，並逐日發稿，但經譯、編、印、送等程序須經相當時間方能到達報社。報社爲求迅速，往往自收最後一次中央社電，自己譯用，如是可使出版時間提前一小時。（二）各國際通訊社電報，如路透社合衆社的新聞電，如桂林今日各報所收用之情形。（詳見第七章）（三）外國宣傳機關廣播。如桂林各報所用之「英國或美國大使館新聞處致本報專電」，或「古比雪夫蘇聯情報局致本報專電」（詳見第七章）等。這三種材料都須經過翻譯，所以必須另設譯電股，譯電股中包括二種翻譯人材，一種是文字的翻譯，如路透合衆及外國宣傳機關的電文都是英文，必須譯成中文。這工作或由資料科的參考資料撰譯股兼辦，各報社可依自己的環境酌定。另一種是電碼翻譯，如中央社的新聞電報，都是依交通部所製定的電報明碼譯發的，收到時，自須經過譯回漢文的手續。

報社的電務科將來可能有更大的發展，但這要看政府對電政管理的制度如何以爲斷，現在很難作推測的假定。

這組織系統依目前辦報人的眼光來看，一定以爲校勘科與言論科等並列，未免太重視了校對，改在新聞編輯下設一股，已經要算很抬高他們了。對這問題，著者另有一種意見。報社輕視校對的習慣。以爲校對人作的是機械工作，不必要有好的學識，所以校對常常是報社社長用以安揷無可推諉的他人薦來的無用之人的位置。這實在是很大的錯誤，校對工作，雖然機械，但是低能的人，並不能勝任愉快。因爲報紙的校對工作，需要以高速度完成。以高速度完成校對工作，而且須沒有錯誤，非對新聞與言論有了解，決作不到。對新聞與言論有了解力量的人，屈以位卑薪低的校對，誰也不肯來，於是中國報紙紙面的錯字遂成了不治之症。依據這系統表所擬定的辦法，是想以校勘科作爲新聞編輯科新聞採訪科國內股本市股的人材養成儲備所。位不使其卑，薪給可以略低，但爲他們樹立起來，可以作編輯和外勤記者的希望，於是校對大約不只不再是無人願就的職位，而是有志新聞事業的青年，趨之若騖的工作了！

同樣對於資料科，則想叫牠成爲言論科和新聞採訪科國際股的人材養成儲備所，因爲這一科的參考資料撰譯工作環境，很適於造成言論寫作和國際記者的人材。人材爲事業的基礎，寓儲備人材於工作之中，是最合理的方法，這都是由經驗而來的認識，採行決不會吃虧。

如果一個報社規模較小，言論科長可以兼任資料科長，新聞編輯科長，可以兼任校勘科長。校勘科最重要的工作是看報紙最後大樣，這是新聞編輯科長乃至總編輯，都必需看的，兼任還可以有省時間（損失是少經過一個人的校閱）的好處，同時在指揮校對上亦有便利。

此外關於編輯部的組織，還有兩點意見可供參考（一）是編輯部的人員在精而不在多，所以言論科與新聞編輯科，在組織系統上雖然必須分開，可是在工作上卻應儘量打成一片。同時新聞事業在中國是一種最清苦的事業，生活以夜爲晝（其實在現狀下講，只須中央社工作一調整，即可將全國編輯部人員從夜生活中解放出來，至少也可以作到午夜完工，安睡半夜。著者曾向中央社當局建議過，但至今尚無作到的希望。）薪給再低，不是有堅決志願的，必然會見異思遷。不必說不易有第一流人材來參加，即或有了第一流人材參加，如對這事業的熱情稍差，一定也要半途而廢。在這現象下，補救的辦法，就是我前面所說的在精而不在多的精兵主義了。精兵主義可以使待遇較高，也許可以留住一些人材，新聞事業才能展開。精兵主義的作法是希望網羅幾個認識正確進步，一般知識在水準以上，而又有專精的研究部門的人，最好是包有政治，經濟，國際，社會，自然科學，軍事，文藝，各方面。由他們來組成新聞編輯科，同時他們又都是言論科的一員。這樣晚間工作時，決定了寫一篇國際問題的社論，研究國際問題的人，就不再編稿而去專心寫社論，其編的工作由他人代替。明天決定寫經濟問題的社論時，研究經濟問題的人，也不再編稿。採用這種方法，編輯都是專門人材，所編成的報，自會水準較高。而編輯也是言論的撰著人時，自然不會再有發生大新聞，沒有專家寫社論的憂慮。此外還有編新聞寫言論二者連在一起

那言論才更能適合報紙的性質。（著者辦報時，曾請過名家代寫社論，文章不錯，但是不合報
紙的風格，以致弄的刊也不好，不刊也不好，而陷於進退維谷。）也應算是一種優點。尤其是爲
這報紙寫言論的人天天大家和總編輯一定見面，等於天天都有交換意見的會議，這樣報紙的言論
必然的可臻一貫，甚至一篇社論未寫前，大家可先作一度討論，然後互推一人執筆。這個報紙的
言論如果在中國仍無地位時，那就是怪事了，因爲今日中國報紙，還沒有一家能有這麼健全的編
輯和言論機構，如有一報能夠作到 安能不形成後來居上之勢！

（二）照第十一章中，論新聞的編輯原則，編輯工作要作好是很繁重的，領導編輯工作，已
極不易。著者又主張報紙言論的領導權也要由總編輯負担，看一看第十三章所述的一切 自然更
顯出來他的責任的艱難。所以作這樣的總編輯，一定要超越瑣屑工作，而在大處注意監督指導。
初步工作應由言論科長，新聞編輯科長負責去領導完成，不過一切編輯部的工作，在要送到印刷
廠去之前，都要從他那裏經過一次。他可在原稿上簽名或蓋章以示稿已閱過，印刷廠則須稿上有
總編輯的簽字或印章才能照排，這也是一種管制手續，就是廣告也經過這一手續，（可由副總編
輯負責。）報紙才不至於鬧自己打自己嘴巴的笑話。

總編輯的主要職責是（一）和言論科長研究明日用什麼題目作社論 最近以什麼內容作專欄
的中心；（二）和新聞科長研究明日的新聞應如何編輯；（三）和社會服務科研究明日的副刊內

容以及社會活動的範圍；（四）和採訪科研究明日應予外勤活動的指示；（五）和出版科研究本週週刊的中心以及一切紙面上藝術工作的表現，如每日都有一張漫畫，就每日都應討論這一問題。（六）和資料科決定當晚應有何種地圖，照片參考說明供給編輯科應用。（七）每日與電務科校勘科研究本日紙面上表現出來的工作情況。

為了事務的忙迫，（這是說如果這個總編輯非常負責的話，如果他不負責任則可能非常清閒，總編輯清閒，這報一定也不會有精彩了。）所以總編輯往往需要設一個事務方面的助手，如所有的稿件送到編輯部的登記，所有稿件送交印刷廠的登記，稿費的登記，投稿人住址登記等等。都須有人經心管理，沒有事務助理，總編輯對為瑣事分心而影響了他主要的工作。

有了這樣的組織系統，再有一個有確實能力的總編輯，配合上水準以上的各科人員，通力合作，一定可以辦出來一份讀來有生氣且對社會有貢獻的報紙，大約誰也可以相信了吧？

不過只是組織好，人好，還是不够，一定還要能在這一部中形成精愈求精的工作環境，才可永使工作有進無退。形成那工作環境的方法，一共有兩種：（一）是實行工作日記制度。每股、每科的首長以至總編輯自己，代表這一部，都要記工作日記，日記內容當然都是對所作工作的記錄，有什麼自己認為可記的都寫下來。這種日記每天要集合起來送給總管理處給社長看，這樣可以使社長了解每股每部每天的工作進行概況，同時這日記對工作人自己，也有參攷的價值。以後打算查一件有關工作的問題，也可有所憑藉。同時這工作日記可以使最高的工作人員與基層工作人員靠他而每日發生精神上的聯繫。總管理處對基層人員有什麼指示，基層人員對總管理處有什麼請求都可不必晤面而能辦到。所以這一日記制度的推行，對工作確具功效。但是中國人素少寫日記的習慣，甚至以為這制度是對工作人員的一種苛求，其實這乃是一種發揚民主（基層人員可以在日記上暢所欲言）科學（一切工作都有紀錄）精神的制度，養成記工作日記的習慣後，工作人員漸漸自己也會感覺到牠是良好的制度了！

（二）每週開正式工作會議一次。每天總編輯雖可以與同人討論許多問題，但那多是應付當前問題的討論，瑣屑枝節，有利於解決實際進行中的工作困難，而不能使工作有大進步；求工作進步，應換一個環境，不是在工作中，而是在會議席上，這時大家都有冷靜的頭腦，可作具體的整個的想象，必須如此，工作的「將來」才能成為議題，以「將來」的工作為中心而思想，進步自然就由此產生了。同時也只有在這會議上才有時間，可以具體的討論到與自己的報紙競爭讀者的敵對報紙的長短，這種討論，自然也是促使報紙進步的因子。

(三)此外編輯部還有一個重要問題，就是如果工作人員因為環境作不到不過夜生活，至少應設法使他們每週獲得一天的休息。依著者的計劃，編輯工作不採分版制編輯流輪休息已可作到。再有以校勘科與資料科為人才儲備所的準備，只要在這兩科中多儲備數人輪流休息更可不成問題。這雖似以工作人員的福利爲前提的設施，實則工作人員的健康，也就是報社的健康。毀壞了有用的工作人員的身體，也就等於在作戰中自己破壞了自己的防禦工事，聰明的報社當，當然不會作那種短視的傻事。

組織能臻完善，再造成認眞工作的空氣，保證了工作人員的生活安定與健康，這個編輯部誰能說牠還不可能百戰百勝？

第十六章　經理部的組織和工作

對於一份報紙，經理部的重要性並不下於編輯部。編輯部是決定一份報的內容的機構。經理部則負着報社中管理發行廣告等經濟命脈的重責。沒有好的經理部，報紙編的再好，也沒用；同樣經理部的機構不論多麼好，編輯部太弱，編出來的報沒有人肯看，也一樣不成功。所以有了健全的編輯部一定還要有健全的經理部以爲配合。

在我們理想中的經理部經理，他的任務也和編輯部總編輯一樣重要，他負的責任也是在計劃、指揮、決疑方面，而不負什麼實際工作。在他下面的組織，已見前面系統表中，現在先就其所屬各科股的工作逐一作一大略的解說，然後再就發行，廣告，會計，——這一部的三大要務作些進一步的探討。

經理部共分三科，總務科，會計科，營業科。（一）總務科下分（甲）人事管理股，（乙）公物採購股，（丙）公物保管股。（二）會計科下分（甲）出納股，（乙）記賬股，（丙）稽核股。（三）營業科下分（甲）發行股，（乙）廣告股，（丙）副業股。

總務科的人事管理股，主要的工作是管理報社的日常雜事尤其是雜役，工友中的許多問題報社是一個日夜工作不停的機構。像膳食，大約一天至少要辦四次，辦公室寢室的灑掃至少是兩次，而一般送信取稿之類的差遣，任何機關也沒有這麼多，且有時間性，差役管理不入軌，稿子遲取廿分鐘，就是無可彌補的損失，遺失一條稿件，能够影響報社整個的信譽。他如工廠工人宿舍的消防上，衞生上的小疏忽往往都可能構成大問題，所以這一股的責任複雜瑣碎但又嚴重，一定要日夜班都有人負責，編輯部印刷廠都照顧的到。公物採購股，牠的責任也是很重大的。印刷機的食糧，紙、油墨。各式鑄澆機的食糧，鉛、錫，要隨時注意市價，相機購買，不能匱乏，否則報紙即將不能出版，就是小的文具之類，也要用些時間心力，在上面，希望作到需用時不感缺欠，而且購價不至吃虧上當。公物保管股，則是舉凡全報社的生財登記保管，都要牠負責。此外，報社的貯物庫也歸這一股管理。採購股買來的東西，都要交保管股，登記保存，有人領用時則登記發出。總務科這三股都和會計科有很密切的聯繫，人事管理股關於伙食的墊辦，和職員的進退因與每月的薪給有關，所以必須與會計科聯絡，有的報社發放薪金也交這一股辦理。採購股爲求零星購置可以立卽購辦，應向會計科預領一筆備用金，然後再報帳核銷。保管股則關於全社的生財價值，與貯物庫中的存物作價，都與每月作月結有關，所以每月必須有存物作價表，生財報告表等，製交會計科。

會計科的出納股負責現金出納。記帳股負責登記各種帳簿。（會計組織等另詳）稽核股，負責稽核經理部所屬各股之傳票表報及帳冊。

營業科發行股負責發行報紙，其下應分四組爲：一、本埠批發組，二、外埠批發組，三、本埠訂閱組，四、外埠訂閱組。本批組，辦理每日批報與本市報販。外批組，辦理經各種交通（汽車，輪船，火車，飛機，以及木船等原始交通工具）每日寄送報紙與外埠分館與派報社。本訂組，辦理每日督飭報差送報與本市直接訂閱讀者。外訂組，辦理經各種交通，每日寄送報紙給外埠直接訂閱讀者。廣告股，負責管理報社廣告事務。其下可再分爲內勤組，與外勤組。內勤辦理關於廣告之一切對內事項，外勤負責對外招攬廣告及收取長期廣告戶刊費諸事。副業股負責經管報社一切副業。如印刷廠有餘力代人印刷時之接洽工作，報社代售書籍雜誌時之經營工作等皆屬之。其詳細組織可視報社副業經營情形而定。

以上已將經理部各科股所負責任說明，關於總務科，因其責任與一般企業，沒有多少不同前面且已約略的說了一下該科的工作概要，可不再贅，關於發行與廣告爲報社之特有工作部門，會計制度亦因報社與一般企業略有不同之處，在以下，擬再分別各作一些進一步的介紹。

先談發行：在中國談到報紙發行，的確是一件很頭痛的工作，因爲目前報紙的發行，本埠或外埠，都是間接發行的數量，大於直接發行的數量。換言之就是報紙的發行大半要假手於報販與派報社。這一制度，使讀者負担加增，而報社並未得到好處，只豢養了一批居於中間的報販與派報社。而這種報販與派報社因爲他不隸屬報社也不隸屬讀者，成爲眞正的自由職業，所以他們往往不對讀者盡應盡的職責，有時還有受人利用與社報爲難的事。在大的都市中報販被少數人操縱的前例，過去實在不少。尤其是報販因爲工作不重，而報酬不薄，（大約平常爲三七分帳，即報費一元報社收七角，報販得三角。報社須出一切編印成本，報販只需送售勞力。）以致報販中有了許多好逸惡勞的惰民，在上海，乃至在重慶，過去有許多落魄煙民，即以作報販爲業因爲不須多少資本與勞力，喊走二三小時，已可得到兩餐的代價，無拘無束，爲任何職業所不及。一種對社會影響極大的新聞事業，其發行網操縱在這般人手中，自然極不合理。所以對於報紙的發行工作，一個進步的報社的負責人社長 經理都應懷有建樹一個新的發行網的決心。至於如何使這決心成爲事實，則要斟酌環境進行，在以下著者願介紹一些進行計劃供大家參考。

著者很久就感覺在中國可用較大的資本創辦一個全國性的出版物發行公司，在出版家與讀者間，以爲文化事業服務爲目的而服務，來代替當前中國文化事業中的發行工作全操於純以營利爲目的的書商與報販手中的現象。目前很顯然，出版家的利益不如販賣者的利潤優厚，這一現象不改變，中國文化事業的進展當然有限，並且對讀者因販賣者眼光短窄，不免想隨處牽就讀者的低級興趣，影響所及，出版家如果是以營利爲第一的，不免也要隨波逐流以出版適應低級讀者口味的刊物爲主要工作。於是中國文化水準都會爲此而降低。看近年來青年處世讀物與投考指南之類書籍的粗製濫造，佔據了抗戰後本已很少的印刷工具和出版資本，使有價值的讀物，沒有機會印行，使中國文化逐漸走向下溜的道路，誰能不感痛心。

著者理想中的發行公司，是要以有知識的人作發行工作代替那些無知無識或有知識而昧起良心來只想牟利的書商報販。希望是報紙雜誌書籍，以至文具，聯合起來經營。第一步作到各大都市都有分公司，再進一步則辦到各縣都有支店。一方面對出版家努力擴大其出版物的銷場，一方面對讀者竭力供應他們的需要。這一工作，是可以當作一個社會事業來辦的。資本如果雄厚，開辦後必可得到書店報社的支持，（當然這公司要能保持決不操縱銷路才能得各報各書店的信託）與讀者的擁護。這工作的目標也不是想奪掉報販的飯碗，甚至想吸引報販中的良好份子到公司中來，只淘汰去那些惰民，使今日的無政府的中間發行層，變成有管理組織的發行網。這樣，報紙可能提早送達讀者，減少不時輟送一天的惡習。同時雜誌書籍與報紙的發行網統一起來之後，雜誌書籍的發行數量一定可以增加。因爲雜誌書籍也可以憑一個電話，或一張紙條而送到購買者的家時，自比今日非到書市場上不能買到的情形，增多了出售的機會。

這種發行公司如果辦的成功，從整個的文化立場上看固然利益很多，即在人力物力上講，也是一種節省中國人力物力的組織。一個成功的全國性的發行公司的出現，可使報社，書店都不必自己再辦什麼發行機構，只須印就刊物，與發行公司簽一張合同，便可等候收回成本與利潤，從事再生產。如此出版者專營出版，發行者專事發行，精力集中，事功必可宏大。不過這樣一個公司如果形成，也可能有牠的弊病，例如一個發行公司因爲牠已有了力量，可能壟斷發行。應當廣泛發行的反予封鎖，不應廣泛推行的，反爲儘量發售，一以自己的利益爲依歸，不顧其公司應爲社會服務的責任。但是這樣作必然自隳信用，引起社會對牠的不滿，給他人以壓倒牠的機會，所以發行公司離開正軌，便是自取滅亡，而總觀這一制度仍是與社會有利的制度，希望未來對新聞事業有興趣的人，能有人更闊大眼光，來試驗一下這個發行公司的計劃。

但是在一個報社初刱時，自不能同時就辦一個發行公司，必然先應經營自己的報紙發行網。照一般中國報紙初刱時的習慣，過去，有收回最低成本或完全白送給報販令其售賣一週或三天的辦法。三天一週後再漲到較高的批發價格，而這種批價與同在一城市內的其他有資格報紙的批價比，一定要低。以求報販願售自己的報紙。這種習慣，據著者的經驗，以爲這種取媚報販的辦法，並不是好的辦法，因爲他們只是中間人，並無決定的作用，辦報的第一個條件，仍是要報紙內容確有可取，以壓倒一切的「先聲」，使社會人士都有看這一份報紙的要求，那時報販自然願售你的報而用不到你如何取媚於他們。不過當然也不要引起報販的反感，因爲到底你自己的基礎未立，引起反感便增加了事業進行的困難。所以最初三天可以賤價售給報販，然而不能低過於舊報紙的價格，否則將都成了舊報紙，雖印的多，並未使讀者看到，全失了賤價的本意。三天之後減價可略低於他報，但也無須太低，以免引起報紙與報紙間的貶價競爭。目前報紙批價本已不高，再減低以取媚報販，將違反報紙想靠營業維持存在的最高原則，損人亦不利己，當然不應當作。

照目前的現狀講，報社應當爭取的是直接訂閱讀者，本市的直接訂閱外埠的直接訂閱，都有利於報社。因爲直接訂閱讀者仍照訂價付費，報社省去了給予報販的利益，報費即已多收十分之三四，（報費訂價一元報社對直接訂戶可實收一元，對報販則只能收六角或七角）雖然本埠尙須加上報差的送力開銷，如果直接訂閱多，每份報每日所應攤負送力必極有限。是以一份報在創辦時，先製造「先聲」，再以廣告號召直接定閱，（如以紀念戶九折優待之類爲號召是）乃是必辦的工作，而且既決辦直接訂閱，即使直接訂戶不多，一定也要雇用够用的直接送報報差，以求能依時送到訂閱者手中，以樹立直接訂閱的信用。直接訂閱能早送到，自然直接訂戶就會增加。外埠直接訂閱訂戶，對報社的利益更大，因爲外埠無分館設置之地，直接訂戶之報，皆在報社所在地投郵（向郵局註冊取得「新聞紙類」之承認郵資極低），且可向讀者收取郵費。不過由郵局代送之直接訂閱報紙，設當地有派報社，其報紙並非由郵局寄交，而係由派報社自己設法，經由火車、汽車、輪船、等交通取得者，（派報社之主要存在條件，即靠了對交通有辦法）必然那報會在派報社所送之報以後，才能送到，也就因此，外埠直接訂閱的訂戶，多在沒有派報社的偏僻地方，有派報社之地，就不會有直接訂閱，所以外埠直接訂閱，也不可能太多。

現在中國報的發行，仍以間接發行爲主體，即本埠經過報販，外埠經過派報社，前面已經談及，而本訂外訂則對報社最有利益，在這情勢下，於是四者遂非並重不可。這四事在營業科發行股下已設四組管理，四組應注意的工作，再爲敍述如次：

報社的印刷機設備競爭，中國自抗戰以來，已只餘了對開平版機多少的競爭，距離歐美，眞是相差豈只十萬八千里。也就爲此，一份報紙如果銷路爲二萬份，這個報社備有四架對開平版機，每架機，平均每小時可印出報紙一千份，兩萬份報，要五小時才能印完，報全印完再發行，自然作不到陸續發行，誰先誰後，這問題怎麼辦？發行股自要負責解決。發行股一定要在事前調查好了與（一）外批報紙（二）外訂報紙有關的一切交通的時間。例如在早晨六時出報的時間前後，有沒有火車輪船飛機開行，又經過郵局寄送的報紙要在什麼時間送到郵局，才趕的上他們在當天上午運出的郵袋封袋。因爲這些是都不能錯過的，一錯過，報紙到外埠就要比別的報紙慢一天，這種影響可使那一天的報紙全部成爲廢紙。如果調查明白火車有幾千份，郵局有幾千份須在早七時前準備好送出才不致誤事，那麼最早印出的報紙，便應先派定給送交火車和郵局的管理者，第二批是派給專送報紙給本市直接訂戶的報差，這是希望直接訂戶增加的一種辦法。再次，便是派報給本市報販了。爲了使派報時沒有爭執，發行股在前一天夜晚，須作一些工作，（一）通知各報販，翌早要批報的人要在前一天夜晚幾點鐘以前到報社來繳款，憑繳款的前後，定翌早得報的先後。憑繳款的數目決定翌早得報的數目，臨時不得增減，一以減少臨時在忙亂中收錢可能發生的錯誤，一以避免臨時你加我減的糾紛。同時也可決定每日印報數目，以免印多或印少。發報時為了鼓勵報販多批，可以決定批報在五百份以上或一千份以上者，先派。例如昨夜交款時，雖然甲報販最早，但彼只批五十份，遂只能享受於批五百份者派完之後的最先得報權利，如此可使若干小報販自動組合五百份以上，推一人為代表來批報，然後再去自行分發，這種辦法可以減少發行股的數報時間與勞力。本埠批發辦完，再來處理時間性不强的外批，外訂，報紙。例如這些報紙都是要下午三時才有火車運走的，只須在上午送出，就不會誤事，儘可從容辦理了。

發行股的本訂組，應在事前劃訂一個本埠分區表，找一張本埠地圖就「各街巷所有訂戶的多少」及「路途的遠近」和是否「臨近便利」來劃訂為若干區，配備若干報差。這類報差應於出報前到報社簽到，並於送報完之後，回社簽退，以示彼應送各報已於回社前送完。各報差回社時間，並應斟酌其路途與報數代為擬定不得晚於某時，以為限制。同時應籲請讀者，隨時以報差送報過晚之情形，通知報社，俾便懲罰改進，同時如一月中無訂戶報告遲送之報差，應予獎勵。

本訂組應製活頁登記簿或卡片登記訂戶姓名地址及訂報起止期間，報費到期前一週，應送通知單給訂戶，到期應憑收據去收款。（可斟酌用報差或差事人）不能收到報費，應即停止送報，而以此頁登記簿或卡片提出，即日送交總管理處。（總管理處如何處理詳後）本訂組一定要作到有新訂戶翌日即可送報，一收不到應得之報費，立即停報，以減少報社損失。中國報社以管理不善，往往讀者不肯付款已歷一二月，報仍照送，實為無謂之損失。同時對於訂戶之遷移一方必須囑報差立即報告，一方在報端公告讀者，立即通知報社，因報差極易犯「化報社直接訂戶為其私人直接訂戶」從中取利的毛病，而遷址為最好之化公為私的機會，所以必須防範。

外訂組因為所管理之報紙皆為投郵局代送的少數的報紙，此類報紙，一，須捲好，以免磨損而形成報到已爛的現象。二，須訂戶之姓名住址標籤清楚，以免送至郵局，因字跡不清，或標籤失踪，而成為「死件」，不能送達讀者，影響報社信譽。外訂最對報社有利，前已言及，所以必須竭力爭取其展開。因此捲以標籤乃成為外訂組的主要工作。捲用之包皮紙應在不用較大的成本下，力求堅韌。但紙亦不能太厚，因此類報紙郵費是以重量計算的，為包皮紙厚而增加郵費，將使報社受兩重損失，自然太不合算。標籤上的姓名地址最好鉛印，即訂閱只一月，也要三十張，用圓盤機印，並不算浪費。這種標籤上除姓名住址外，尚須將訂閱的起止日期印入，一以提醒訂戶，一以提醒管理人。此類訂戶亦應照本訂辦法在到期前，依路之遠近而提前發信通知何日到期，請速匯款，款如期滿不到，亦應立即將報停寄，並將其活頁登記簿或卡片送總管理處。關於標籤的管理，應注意依照郵局所分之交通路線而分開，假如在桂林辦報，郵局規定，凡寄黔滇川的報紙，應由桂運貴陽轉運；寄湘粵贛的報紙，應由桂運衡陽轉運；凡寄桂南的報紙則運柳州，轉交水路分運。外訂組的標籤，也應依此分成四路，分開捲綑。一，在交郵時，郵局可不再費事而立即分別投入郵袋。二，如趕時間，大半只寫一路或二路趕時間，如上午八時有火車南開，運貴陽，柳州，路線再轉運的報紙，須在六時半送達郵局，當早即可搭火車運出，此時外訂組不須揀挑，即可將一批報捲捲好交運。否則臨時揀挑，必至誤事。

此外外訂與本訂組每日都應當將添報若干減報若干製表報告。本訂每月應將下月訂戶收據預先寫出，以憑收款，如有停閱原收據可退回銷毀，因爲大致本訂停閱者較少，預寫正式收據去收是最簡便的方法，於外訂則可於報費匯到後，補寄正式收據給讀者，因匯款來時，經郵局或銀行皆有憑證可查，收據已不似對本訂讀者之重要。

本批組在事實上管理的是報販憑現錢買現貨，在批報時比較紛亂，批報之後，只須製表報告今日共印報若干批報若干，得款若干餘報若干，將款交與出納股將餘報保存，以備裝訂合訂本出售，即算一日之主要工作已辦了一半。另一半便是晚間的辦報販納款訂報工作，並決定本批共需報幾何，報告發行科長，以便科長給本訂、外訂、外批三組所報告之當日應添停報紙經增減後，所需報數，而決定通知印刷廠明日共印報若干。本訂對本報保存報數與訂合訂本之報數，亦應計算正確，因爲每日存報過多過少，都有問題，偶然一日報多，不能悉作訂合訂本之用（因過去存報少配合不到一起）而成廢報，突然一日報太少，自己存報不能少，預定訂合訂本的報少了這一天也訂不成功，所引起的困難尤大。不過本批沒有什麼記帳工作，還是他與其他三組不同之點。但牠也多了一隨時調查書報市場上情形報告本社的任務。

外批組，如果管理不善，是一個最容易發生拖欠報費情事的一組。因爲一般的各縣派報社，信譽卓著的，實在不多，而且依據中國商人的習慣，對帳目能弄的眉目清楚的也極少，所以必須報社的管理嚴密，隨時喚起牠們的注意，才比較易上軌道。照目前中國一般報社的習慣，如有人在某地願代一報代銷，須先至報社辦理手續，其手續爲：一、確定每日代銷數目，最少爲每日五份或十份。（一般習慣能每日代銷報紙至五百份以上者，可准用某報分館名義。實則這一制度流弊很大，分館仍應以自己派人設立爲原則。）

二、依認銷數目預繳一個月押金。（例如報費訂價一元批發七折每份每日七角，一個月爲廿一元五份應預付一百零五元）三、決定寄報方法。如由郵局寄交，郵費由報社負責，如交火車汽車汽船代運，一切須由代銷人自己接洽妥帖，報社只負責以報紙交與代銷人指定的某人，即不再負任何責任。因此種交通多係代銷人自己有特殊關係，運達可較郵局爲快，才這樣辦。報社自不能代爲接洽。這三項手續辦完，報社即可代爲按日發報。發報前倘應與該代銷人約定的有下列二事：一、添報減報由報社收到代銷人通知之日起實行。如代銷人不通知減報，而謂讀者已減，少許幾份報費，報社不能承認。二、報可能增加，報紙增加即等於預繳押金減少，是以代銷人應隨時注意自己所交押金是否已將告罄，並提前匯款給報社，否則款罄，報紙即停止寄發，代銷人將對當地讀者失信。

為了喚起代銷人注意，報社內外批發處計算各地代銷地段遠近，務於其押金將告罄之前，個件可以來往一次的時間內，寫信給代銷人促其匯款。款如不到仍照停報。這樣辦，如代銷人所銷的報紙很多，報社或者不免猶疑，想省忍幾日看是否款已匯而未到，殊不知此例一開，可能拖延的時間愈來愈長，所以應下決心，押金用完即停止寄報，只要你的報為讀者所歡迎，有一次教訓，代銷人下次決不會在押金將完之前不匯款來了。為了作到這一件事，外批組應有一個極科學的登記簿登記各代銷戶所存押金，每天依發報之數量而遞減的情形，沒有這種記錄，連管理人也不能知道某戶每日尚存款若干，如何能在事前函催代銷人？外批組對於代銷戶也應備有一種標籤，事前寫就，或印就各代銷人的地址姓名或派報社社名，並註明內寫多少份。然後每日先將此種標籤依交通路線分開，再依份數分開，如運貴陽線的標籤共一百張，其中有五份者二十張，十份者十張，一百份者五張……即將五份者十份者百份者分別放在一起，並備好包皮紙，將標籤貼就，如此第二天早晨捲報時，假定貴陽線必提時間送出，可即先捲貴陽線之五份者，再捲十分者，百分者，秩序井然，自然迅速，不至誤事了。報捲如大應束之綑紮，以免中途散開，捆束時也須注意，不要使繩索損傷了報紙。外批組所管代銷戶如有增減，皆應逐日報告發行科長，停止寄報時則應將停止情形，報告總管理處。

此外關於本批工作，有些報社因報販係各報皆賣，在市上喊叫一陣之後即四散不見，讀者如未訂閱，可能在市上想找某報都找不到，或者爲了想建立自己的發行網而採取二重發行政策，即一面發報與報販，一面又自己雇用若干幼童，使其專售自己的報紙，這一辦法，如先發報給自用報童，報販必將不滿，如先發報給報販，則報童恐能賣出的報有限，甚至不能維持豢養報童的開支，是以二重政策是沒有什麼收獲的。不經報販之手，自雇報童售報，本是一種可以試行的發行方式，但如在一個報販已有堅固組織的城市，這種直接與他們對立的方式却不能採用。只有等前述的發行公司來推進中國的發行現狀了。

當前發行科應作的工作，已大致在上面說完，自己的發行網的建樹並不是一件容易事，報紙初辦，更不應打草驚蛇，與當地已有勢力的報販對抗，所以報紙自建發行網的工作可先自在外埠建分館作起，建分館只靠自己的報紙營業，也許維持不住分館開支，可以兼辦書籍雜誌文具販賣，如果這地方距本館所在地不遠，而城市已相當發展時，那麼這種分館的建立，還可以有招得廣告的可能，更進一步還可以在該城編印一種地方新聞版，在早上先送地方版給訂戶，候總社報紙運到（其距離應爲在午前可以運到者始能如此辦）再第二次送去，如此讀者可以出較看兩份報爲少的錢，看了全國性的報也未忽略地方性新聞，即使當地本有地方報也將無法與這類的報競爭。再退一步就是不能發展地方版的地方，營運的好，靠營業維持一個分館存在，決無問題，同類的分館辦的多了，一個全國性的發行公司雛形也已建立了。這是一個含進攻性的穩紮穩打政策，報社在本市銷路已有把握，人力物力尚有敷餘時，這是一個絕對可以試行的計劃。

發行談完，再談廣告，談廣告之前應先對廣告與報紙之間的關係，有一清晰的認識。

廣告的在報紙中出現，始終是有利又有害的。廣告使報紙成爲最廉價的商品，在今天一元法幣已買不到一個燒餅，但是報紙的售價，還是一元，報社實得且只有七角。何以能够如此，就是因爲報社從廣告方面還可得到收入。但是廣告從讀者的眼光來看，却不見得都是有興趣的文字，身體康健的人，天天要強迫他看許多醫藥廣告，自然會感覺厭惡。再說廣告文字多少都有點誇大，誇大就是不眞實，說不眞實的話便是欺騙，因此，廣告不免騙人，廣告刊戶出錢的目的是要騙人，報社因爲收了錢，便須幫兇，一個有良心的辦報者，對這情形，實在不免內咎於心。

一份靠營業存在的報紙，常常以自己不受政治力量的支持而自己驕傲說：「我們是獨立的報紙」「我們才眞代表民意」，當我們想到牠是靠廣告收入而存在，即或那廣告也是純營業性的，廣告戶純基於營業的要求而來刊登廣告，（如果那廣告戶是很大的資本家，而你的報紙，不是第一家報紙，這個條件都很難取得。）但是他的廣告並不是有利人類的，那報紙的可驕傲之點，不也大大的要打折扣嗎？所以廣告對於報社是一柄兩面都有利刃的寶劍，可以割物也不免會傷自己的手，這柄寶劍的運用遂要很小心。

中國今日還不是個資本主義社會，如果發展到資本主義社會，報社將更深切的感覺到廣告予報紙以極大的不利影響。過去在上海，報紙中登廣告最多的是醫性病的醫藥，電影，香煙。醫性病的醫藥，有很高的欺騙性；電影是美國電影，引導中國人走向金迷紙醉；香煙，也不是糧食一樣的必需食品，尤其是外人經營的煙廠，目的是在敲吸中國人民的金錢。站在爲社會大衆福利而奮鬥的立場上，報紙應不應當對這些事予以無情的抨擊？當然應該！可是爲了廣告費，不能那樣作，甚至在本市新聞中還要刊載一下那些廣告戶自己作來的宣傳新聞。這還不是大資本家的直接干涉，一份好報紙已被迫變了質，何況還可能有進一步的直接干涉？在上海辦報，廣告客戶忠告報社，少刊登些反帝的文字，否則某外商廣告就要停登的話，著者便親耳聽到了無數次。試想如果一個大資本家通過刊廣告這一條路來支持一個報社時，這報社須如何俯首貼耳來聽他的話吧！

所以在討論報紙的廣告問題時，其他的人討論的中心大約是如何多拉來廣告，著者却以爲討論的中心，應是如何保持刊登廣告的主動權。不叫廣告影響甚至改變了報紙的中心主張。要達到這個目的，最上策，自然是縮小篇幅，不接受出金錢委託刊載的廣告，但另闢一種義務廣告欄，凡是認爲對大衆有利應當叫大衆知道的廣告，可以義務代爲刊載。例如辦政府公告欄，刊載政府廣告，辦購物顧問欄，自派記者調查市場情形，而以確實價廉的某店某貨，介紹給讀者。辦職業介紹欄，每日介紹意識正確的影片戲劇，沒有好的影片戲劇即不介紹。辦人事欄，代各機關刊載徵聘職員的廣告。總之凡廣告之有新聞性，爲大衆注意的廣告，一律義務刊載，如此凡有廣告要刊的人，自不吝送一份原稿來供報社選用。於是有價値的廣告不會遺漏，與社會無益的廣告，可以不必煩擾讀者，名爲義務廣告，事實上已變成了社會服務欄，這樣篇幅雖小，讀者了然是爲了節省他們的精力，和其他的報賣同樣的價錢，當也不至銷路減少。這樣的報是純以售報的收入爲換回成本的方法，是以第一是售報必須賺錢，第二銷路必須極大，這都不是很容易作到的。所以雖縮小篇幅，其節省所得，不見得能彌補所失的廣告費，非資本雄厚，報紙確有能爭取到多數讀者的把握，不可輕於嘗試。

在上述的辦法之外還有一個折衷的計劃，這個計劃是依然收廣告戶付予金錢委託刊載的廣告，不過廣告在廣告欄中如何刊載，不能由廣告客戶指定，而須由報社決定，報社怎樣決定呢？報社設置一個廣告版編輯，要把每日的廣告合理的編輯過。這不是空想，實際上，各報的廣告都在趨向這一方向，不過尙未能有意識的每天作到完全編過這一原則而已。大家現在在報上常常可以看到一種「聯合廣告」，全版都是書店的廣告，或者是拍賣行，藥房的廣告，這不就是經過組織和編輯的廣告麽？這是編報的特刊編法的採用，經過事前的準備，接洽，於是一個廣告特刊——

聯合廣告成功了，所用的力量，並不見得大於新聞版出版一次任何性質的特刊。新聞版的特刊編法廣告版可以採用，其一般的編法，何以不能採用？當然也可以！如果有一份報紙首先採用了廣告版以新聞編法編輯的辦法，我相信可能很快各報都將仿行。因爲這一辦法，比現在的死板排列辦法爲進步，使廣告部更易於應付廣告客戶要刊好地位的要求。現在廣告的最好地位（所謂論前第一條）一天只有這麼一個地方，如果廣告不是呆板板的直行，而也像新聞版一樣，有第一條，有第二個特別欄，有加邊欄的「匣子」內的廣告。這種編法可使一版中最好的地方，至少有四五個。這樣廣告的計算方法，可改爲第一條起碼若干方寸，每方寸價值若干；左角特別欄，右角特別欄，加邊欄起碼若干方寸，每方寸價值若干；然後再訂長題三寸者，二欄者，起碼若干方寸，每方寸價值若干；至於短欄，則爲普通廣告。

廣告的編法，應力求其有新聞價值，甚至使讀者愛讀，爲達這一目的，廣告科應設一負責爲客戶設計廣告的部分，文字的寫法，廣告的計劃，皆可代爲擬定。這當然要在一個有能力的廣告編輯指揮下進行。像醫生，旅館，飲食店，戲院，影院，律師，會計師，有長期刊載廣告要求的，可爲分類編成本市醫生律師……一覽表，一一爲之排列進去，大小一樣，排列位次，每天依次推前一個，週而復始，大家都有輪流到第一個的機會。這種廣告如此排列，既便初到此城的旅客如找飲食店旅店等可以按報一索即得，同時也可省一般的讀者的時間，知道那分類廣告中少有新的材料，可以不必注意，於是餘下來刊廣告版的廣告，都是有時間性的，經過好的寫作與編輯，自然可以使讀者發生興趣。如此作法，設有人願將一個廣告多刊幾次，問題比較難於處理，但這也可以用下列三法來解決：一、請他每天換過文字的寫法。二、如寫法改變不易，第一天用文字，第二天可改用圖畫，以漫畫的方式作廣告，在國外應用的很多，我們自可仿行。三、擬刊三天的勸他放大地位改刊一天，事實上也是小地位刊三天，不如大地位刊一天給人印象深刻。編者可隨時注意一切的紀念日，設計種種特刊。文字的，圖畫的，如果肯用這樣多的心力下去，說這種廣告的處理，會不爲廣告客戶所歡迎，大約誰也不信吧？因爲這一作法，是使報紙的廣告版追隨新聞版之後跨進牠應跨進的一步，但也不是什麼了不起的改變太大的革命。懂得廣告效力的廣告客戶，當然會懂得登這種廣告比登死呆呆的長行排列廣告有效的多。恐怕他們不只不反對，且要爭先恐後來刊載呢！

這樣作，廣告費不只不受影響，更要緊的是掌握住了廣告的編輯權，你儘管有錢，報社認爲你的廣告不合報社的主張時，便可拒絕刊載，或拒絕刊載太大的地位。如果決定實現這計劃，還要作到兩件事：一、廣告編輯須直接受編輯部總編輯的指揮，使報紙的編輯權統一。二、廣告採這類編法之後，從形式上讀者已不易判別其是否廣告，應特別標明廣告版，以示報社雖竭力希望作到廣告不欺騙且有利讀者，但不能一定作的到，有這三個字時，可以提高讀者的警惕性。但是報社却決不能因爲有了這三個字的說明，而放棄了牠自己的警惕性，例如醫藥廣告，絕對應遵守非經衛生署登記的醫生，非經衛生署化驗許賣的成藥，不能刊載。徵求職員非有信用之機關，一定要覔取舖保，以免有讀者受騙，至於無聊廣告，如徵婚徵女友等應一概拒絕。一個報紙能這樣作，可使商人以能有廣告在這份報上刊出爲榮，也可收廣告戶更多之效。不要怕爲此廣告或會減少，即使眞會減少，爲了辦一份好報，不也應如此麼？何況事實上正相反，還會招來更多的廣告，辦報若連這點勇氣都沒有，那還報的成就，豈不也有限了？

在未來的中國中辦報，廣告問題，著者以爲一定要採取上述兩種方式之一種，以求一開始便站穩了脚步。在初創時，即或是採取前述折衷的辦法，困難也必很多，所以最好篇幅不要太多，廣告地位不要固定多少，廣告少時，可儘量多刊有益讀者的新聞或言論，有多少廣告算多少廣告。同時，廣告的外勤股，自應去極力活動招來廣告，最先應覔有進步頭腦的機關，像現代化的企業，商店。特別是書店等文化機關，更應爭取他們肯來，這樣才可以加增篇幅，採行折衷辦法，再不成功，便可退而採不要廣告的辦法，先求報紙能獲得大衆的信仰，即使虧折，過一個時期，報紙在社會中有了地位，廣告自然會來，折衷辦法他們也必可接受，所以辦報的初期，在廣告上一時的挫折，用不着焦慮。

至於廣告科一般的工作，照所分內勤股與外勤股來看，兩股的分工已很明顯。不過著者還有些經驗想寫讀者告：

外勤股的職員，照例應求社會關係多善交際的人來作。有些報社不惜畀以極好聽的名義，如什麼廣告經理之類，薪金不多，但佣金不少，以求廣告可因人事關係而增多。不過這種關係是靠不住的。中國的現社會雖重人事關係，但是廣告沒有實效，只靠人事關係，自然不能維持長久。再說每一個人的人事關係終屬有限，三五月後，一個廣告經理的人事關係，已發揮到了頂點，不會再有進展，這個廣告經理是淘汰他，還是保留他？再說給他這種名義，對外看來似乎地位不低，在報社組織上，不過是外勤組中一個職員，如果這個人品行不好，對外且易招搖生事，對內他如不守組織系統的約束，則易引起內部人事糾紛。所以對這種辦法，著者以為不應採取。還有的報社，把廣告地位用佃土地收租一樣的辦法，找人包辦，刊什麼廣告都不過問，每月固定要收多少錢。這種辦法也並不好，肯包辦的只有廣告公司，如果你的報銷路不好，他不願包。勉強肯包一定也要很便宜，報社太不上算。如果你的報銷路好，報社討價太高，他們自不肯包，包價低，報社自辦也可有那成績，為什麼要太阿倒持！

是以廣告科外勤股職員，事實上倒不一定要有什麼社會關係，只須態度不惹人討厭，口齒伶俐多會幾種方言，有隨機應便的智慧，有耐性，不怕吃苦，再有一個好的廣告科長指揮，不久他自己便可創造出來社會關係。再說廣告實在與報紙的銷路有極密切的關係，你的報銷路真大了，廣告決不會缺少；你的報銷路平常，想在廣告上獲得不凡的成就，也決不可能。所以在廣告招來困難時，千萬不要隨便降格牽就廣告客戶，而應努力整頓自己的編輯部與發行網，在這兩方面成功之後，廣告自然稍稍努力便可有成了。

在廣告方面努力的秘訣，是要勤，不怕碰釘子，更主要的是時時有新計劃，所以廣告科長，這個廣告部分的總司令，許多人以爲應當是一個交際家，其實更合適的是一個計劃家。最好這個人能兼任前述的廣告編輯，就更合理想。他運籌帷幄，其他廣告外勤，就像外勤記者依照採訪科長的指示出外採訪一樣，遵循他的計劃去組織尋求廣告，辛辛勤勤的作，報紙只要不是毫無地位，廣告安能找不來？廣告科外勤股的職員，在中國社會中是很難管理的，他們常常自己找到了廣告，不給自己的報紙，而給其他報紙，因爲其他報社可能以很高的佣金拉攏他們，於是形成拿你的薪金，爲他報工作，又拿他們的佣金的情形。設一種獎金，也許可以防止這種現象。例如每月報社已可實收三萬元廣告費，提出來下月一定要作到四萬元的目標。如果作到，報社將自新增之一萬元中撥出幾分之幾作爲獎金，外勤組各職員將依其工作成績而分得那筆獎金。成績太差的如證明係由於不努力或其他原因，則予以處分。有獎有懲，弊端自可減少。再廣告客戶爲了省事，往往在甲報職員去接洽廣告時，他同時要刊乙報，託爲代辦，這種事也難拒絕，交乙報時可能亦有回扣，遇有此事外勤職員應向科長報告，科長可斟酌決定，其回扣，應如何處理。在過去的上海，許多報社的經理或廣告主任都另辦有一個廣告公司或廣告社，就是爲了遇有這種事時，可以廣告公司或廣告社名義出面，自己得這筆佣金。這當然不足爲法，本來一個報社的廣告科如果辦的好，是可能發展爲廣告公司，猶如發行科可能發展爲發行公司一樣，因爲廣告事業並不只限於報紙，廣告在廿世紀中正向一切的宣傳事業中侵入，將來可能有更大的發展，一個新聞公司作爲母公司其下辦發行廣告許多子公司並不是夢想而是必能實現的事實，如果報社有這種意圖，可以先附辦一個廣告公司經辦這類客戶託刊他報的廣告，對拿回這樣廣告的職員，則最好不畀以佣金而另登記其功績，予以其他的獎勵，因爲畀佣金的制度，將使職員的心志離開公司的工作，紀其功績，予以獎勵，厚其待遇，使他將以報社這事業爲其終身事業，對事業前途有更大的裨益。

至於廣告科內勤股的工作，照眼前的習慣，大約有以下幾端：一、接洽門市廣告。（門市廣告以照報紙所寫碼價實收爲原則，不予折扣。）二、登記廣告帳冊，製造每日廣告報告表，開寫廣告收據。（尤其是長期廣告客戶收據應提前寫出交外勤股去收取。）三、編排廣告版樣式送交科長轉送印刷廠編輯部與總管理處。

假如廣告版採用了前途的折衷辦法，那麼內勤股的編排工作將至少要自這一股中劃分出去，另設一股，因爲目前的廣告編排工作只是依先後次序堆砌上去而已，認眞編排，自須加强人力。

關於廣告科的工作，上面大致的都已觸及並供獻了一些新的意見，此外還想要談幾句的，就是關於廣告的佣金制度，爲了拉來廣告，不惜給中間人以若干好處，而中間人爲了討好客戶，又不惜對客戶讓出一些利益，形成廣告減價，所以同在一市的報紙，廣告訂價雖都是每方寸國幣三十元，可是由實收到三折的收法都有的，試想想這是多大的距離！這種距離的存在，對於報社與廣告戶，都沒有好處。報紙的發行不能不給報販派報社以較大的折扣，是因爲他們幫助了報紙由報社到讀者手中，經過相當的途程與時間，報販與派報社辦事人，確實供獻了不少勞力，甚且預投了資本，墊付了運脚。廣告介紹人，取很大的佣金，實在找不出來什麼理由，結果介紹人的佣金，變成了報社廣告的自由減價。報販對讀者很少不照訂價出售的事，廣告不照訂價却成常例，如照訂價才是例外，這習慣實在應予糾正。

廣告送上門反照訂價取費，經廣告社或介紹人則至少可打九折八折，等於拒絕直接有廣告上門，刊廣告的客戶，一定在都市中，報社也在都市內，爲什麼不願直接交易，一定要經過中間人使其從中取利？使客戶多用錢，報社又未蒙實惠？這實在有點不可解。所以今後新辦報紙，一定不能對廣告社或介紹人給予太大的折扣，廣告甯可少，甚至沒有也不要讓折扣變像減價。更要努力於設法直接與客戶發生關係。其實廣告社的存在，與他們的代客戶設計的服務精神有很大的關係，如果一個報社能辦到前述的折衷辦法，報社有很好的設計機構，代客戶計劃廣告，今日的廣告社的存在可能，自然就減削了。如果報社自辦廣告公司，設計工作當可由牠去作。報社自有廣告公司之後，求與廣告客戶有直接關係當然更容易的多。那麼我們希望的，不以佣金養未出勞力的人，寧可使廣告客戶省些錢，或報社得到實利，這一目的，也更容易辦到了。

廣告科工作談畢，經理部工作未談的已只餘下了會計科。關於會計科工作，不是專學過會計知識的，講說的太專門，反覺枯燥無味，而且也非篇幅所能允許，即就實際創辦一報講，報社會計科長，一定要用一個對會計有相當研究的人，不然很難負此重任。而對一個於會計有研究的人，卻又無庸說的太多，只要說一說報社會計的原則，他已經可以自己去建立一個體系，用不着著者連立什麼帳冊定什麼「會計科目」都一一代爲舉出了。所以在以下，關於會計科工作的介紹，是介紹會計工作對報社的重要性，與建立報社會計的一些原則。

報社沒有一個健全的會計科，猶如汽車沒有舵盤一樣，根本沒有方法前進。這一點和經營其他的企業可說完全相同。經營一個報社自然需要知道每月的盈虧，盈虧之外，還要詳知製造報紙的成本。其中直接成本若干（如紙油墨等），間接成本若干（如稿費等）的分析，也對報社當局有極大的參考價值。再如管理的費用多大；收入，發行佔多少，廣告佔多少，無一不對管理一個報社有重大的關係。再如一個報社成立了，資金投入之後，於是永遠在流轉的過程中，截止某時止，這一報社的資產負債情形如何，自也是必需知道的，凡此種種就完全要會計科來答覆了。

中國是一個素不注重會計的國家，社會上通行的仍然是「四柱賬」，新式的簿記，大商店應用的還很少，在這風氣下，於是已經是很大的報社，竟依然靠了「四柱賬」應付一切，其不科學，不合理，內部一塲胡塗，簡直使人不寒而慄。「四柱帳」連記一個家庭的帳都不能勝任，何況複雜的報社的帳。因此一個現代化的會計科，是大小型報社非設置不可的一個機構。

報社會計的特點（一）是收入數目的瑣屑，在現在幾乎以五元十元爲單位的時候，報社的收入單位仍然是「角」。（二）是從時間上說，牠是以日爲單位的，因爲不只本批的交易是一日一清，即以本訂外訂來說，雖然訂閱是一月起碼，但那一天起訂報的都有，於是那一天期滿的也有。至於外批，更是天天報紙有增有減，派報社天天有添有停，不以一天爲單位，結算上一定有許多困難。假定某年一月三十日來一個新訂戶，訂報一個月。作一月份帳時。這一戶的報費只有兩天可以算作一月份的收入，其餘二十多天則是預收的二月報費。不這樣劃清，一月份二月份的月結便都不能正確。所以報社的會計應能作到今日還在出版，假定明日忽然停刊，即日各部門，便都可以將人欠欠人，很清楚的列舉出來。其實如果一切的帳都是以「日」爲單位的，最繁瑣的發行科各股帳目，都作到一天一結。上述的情形並不難作到。譬如一個訂戶訂報一月，到十號這天已送報計國幣若干，尙預收該戶報費國幣若干，十一日，一打開帳簿便可知道，這就是適合報社需要的會計制度了！樹立報社會計制度，主要要把握的也只有這一點，此外各方面與一般企業的會計制度已沒有了什麼顯著的不同。

報社會計難處理的除了發行科的帳目外，就要數到印刷廠的會計制度的建立了。印刷廠的難題，不是對外的而是對內的。因爲印刷廠，在中國今日的狀況下，必須建立一種很科學的計算工作辦法，才能使工廠的管理入軌。（關於印刷廠計工方式等詳見下章）這也是報社會計科長與印刷廠廠長應細心研究所建印刷廠情形後决定的，印刷廠長將靠了這個來管理他的廠，使他的廠工作效率增高。

關於報社會計科的分工，出納股負責的是全報社的金錢出納。報社的支出應採先核後付制度，除了零星購置，由總務科購置股經手者可以先購後報銷請核外，其餘都應由出納科先作支付傳票並附須付款的證件，經會計科長經理審核後，再送總管理處請社長簽核。至購置股可經手購置的東西，當然要有一個限度，例如五百元以下的物品可以購買。再該股的備用金也須有一限定，例如以三千元爲限，可每日或每數日與出納股結算一次，憑購物單據換回現金，仍保持他三千元備用金的數目。出納股銀櫃內可保存的現金也應限定，例如每日現額不得超過萬元，超過之數，一律須送銀行，較大支出皆開支票。至於報社收入，每日社中有收入的部分，例如營業科的發行股、廣告股、副業股下各組，當日皆須將當日的收入送交出納股。出納股即依據每日全社出納之傳票登入現金簿，並製一每日現金報告表，詳細列明每日現金收支情形，並分析庫存現金之性質，例如銀行存款、現鈔、匯票、郵票、印花稅票各若干，以便經理社長在現金運用上有所參考。

記帳股所負責任爲一切帳冊之登記，當然有許多輔助帳，不能都歸這一股，像營業科各股，總務科各股，印刷廠事務科的各股，都各管有輔助帳，但是總帳以下的主要帳都集中在這一股，而每月報社的月結表資產負債表以及報告股東的半年或全年的業務報告也都歸這一股負責製作。

稽核股是對會計科各種表冊，以及其他各科所登記的輔助帳所造表冊都負稽核責任，這種覆審手續，監查手續，可使報社中一切會計方面的工作減少錯誤，對全社工作進行上有很大的補益。報社組織愈龐大，事業愈發達，這一股的需要，就更殷切。報社在此稽核股外再能聘有會計師負查帳責任，會計組織自更可合理。

經理部全部工作，在上面又大致的分剖縷述了一遍，由這一敍述，讀者當可了然，經理部不只是一個報社的經濟命脈所繫，而且全社的事務也靠了這個機構才能運行，所以牠的重要性不言可喩。作爲這一機構的負責人的經理，其職責之重要，也就可以想見。經理要指揮總務科，使報社的瑣務，井井有條，需用之物不缺，公物得到合理的保管；要使會計科供給他了解報社經濟全貌的材料，使他能決定以後報社事務何者應興，何者應革，何源應開，何流應節；要指揮營業科努力展開營業，以增裕報社財源；同時還要與編輯部印刷廠連絡，以求報社的生產品——報紙，在每日市場上鼓早出現，而利銷路展開。市場上對於本報的批評，他報在市場上的銷場，都是經理部應由發行股獲得報告而通知編輯部印刷廠的情報。這種情報可能幫助該兩部分改進他們的工作，也就是便利了經理部的工作展開。

經理，既時時要盤算着報社經濟人事的全局，同時又要目光如炬，在管理工作中能洞悉一切隱微。此外他的知識還不能只限於擅長管理自已這一部分，必須對編輯部的工作，如言論態度，新聞編輯過程；印刷廠的工作，如印刷各部門的工作過程，計工辦法，印刷成本計算等，都有了解，才談得到能盡他的職責，否則他的全局籌劃，一定會爲了他的了解不足而發生滯礙難行的毛病。所以報社經理，最好是過去在編輯部印刷廠都工作過，就更相宜。

經理部也和編輯部一樣要實行工作日記制度，以求每日各科股的工作都有紀錄可供參考，同時也至少每週須開經理部會議一次，使各不聯繫的科股，獲得聯繫，並共同研討如何相互配合，推進經理部的工作。經理部會議席上，每週都應比較，一週來的實收廣告費成績，較上週，及上月各週，有否進步；一週來的發行時間，是否與日俱早；發行份數，是否與日俱增；副業推進情形如何。這些比較都應由各科股根據其每日的報告表再列成比較表，以實際數字來說明，這樣才看的出來，工作有否眞實的進境。設有競爭的對手報紙，更應與該報相比。日常伏案工作，精神易爲瑣務縈繞而失却思考機會，這樣的會議，最能啓發工作人員想出來新的計劃，所以一定要很認眞的執行。報社經理部的工作如能有嚴密的組織體系，經理的經常全神貫注的計劃執行監核，那麼全報社的成功，至少已是有一半可靠了。

第十七章　印刷廠的組織與管理

一個報紙的印刷廠，照中國過去的習慣，在組織系統上多把牠放在經理部之下，現在把牠的地位提高到與編輯部經理部並列是基於以下三種原因：

（一）今後在中國辦報，不只「託印刷所代印」的階段已成過去，就是自辦規模不大的印刷所階段，也已行將過去。今後辦報，如果不能有資本先籌辦一個大印刷所，所辦的報一定不會有大成就，爲了這個，所以要提高牠的地位。

（二）報社印刷廠廠長的人選，今後決不是一個普通辦過印刷廠的人，所能勝任。因爲報社的印刷廠必須比一切的普通印刷廠有更高的工作效率，而這種工作效率，決非目前中國的一般印刷廠所能達到。是以今後作報社印刷廠廠長，一、須有新的科學管理知識，能把中國印刷廠的工作環境整個改造過；二、須了解報紙印刷工作的特點，對報社編輯部的工作有相當的理解，否則工作將有不能相互配合的毛病。對印刷廠廠長要求的條件如此之高，不提高牠的地位，當然請不到有能力的人材。

（三）報社印刷廠的設備宏大了之後，如果每天只出日報一大，那設備自不能充分利用，非常可惜。是以必須除了印報之外，再作些其他的工作，如承印其他刊物之類，如果管理經營的好，對報社也可增加收入，在這情形下，印刷廠很可以叫他向獨立發展方面發展，希望印刷廠的廠長，不再只是一個工務主任，只負管理責任，而希望他更負起來經營的責任，這樣可以減輕經理的負担，使印刷廠逐漸成爲一個獨立的單位，如果能够作到印刷廠的經濟離報社而獨立，爲報社印報，算最低的工價，然後能加上其他工作收入而可以自給時，對報社經濟當然更有幫助。即使報社發展到一日出早、午、晚、三次報時，印刷廠也一樣有可能作承印工作，所以爲了逐漸使印刷廠獨立自給，也須把牠的地位提高。

照我們的理想，今後辦報印刷廠的規模應有多大呢？依目前環境設想，如果要辦全國性的報紙，至少應有一部附套色及折疊機之輪轉機，另外備有四部至六部對開平版機，一部電動鑄字爐，另備一二部手搖鑄字爐，一部電動製版機，另備一部手工製版機，化鉛鍋一具（最好係電力者）半圓版及平版澆版機各一部，電動修版機一部，七行、五行、一、二、三、四、新四、五、新五號不同字體之銅模各一副，英文五、新五號大小楷不同體銅模各一副。澆鑄邊線之澆、刨、切、工具，以及鑿花邊工具各一套。另圓盤印機一二部，四開印機一部，畫線機一部，打洞機，大小切紙機，裝訂機，燙金工具各一部。照像，製銅鋅版工具全套。

有了上述的設備，不只辦一份報已可順利進行，同時，承印各種書刊表冊，也已可以勝任，經營管理得人，可望獨立自給，即或輪轉機，偶然損壞，也已可免報紙不能出版的危機，因爲以平版機補救的設備，也預備好了。

不過世界印刷工具在日新月益突飛猛進之中，今日理想中已算完備的設備，到明年，可能已然相當落後。假使前面說過的，在二次大戰前日本朝日新聞出資創製的中文Linotype，在戰後設明可以代替今日中國的排揀工作，並可省去預先鑄就鉛字備存的字架，那樣中國的印刷將爲了這種機器的出現，而等於發生了一次革命。因爲在印刷廠投資上講，可以減少一筆幾噸鉛錫的存儲；排字房的地位，也將節省很多；人力也將節省不少。一種機器的發明已然有如此的影響，所以印刷設備只有追隨着時代前進，很難談到完善。經營報紙在將來，凡不能趕上前去，肯採用新的科學發明的，必然失敗，這是要辦報的人，必須注意的前提。

姑就目前，我們認爲已可順利的辦一份報的印刷設備規模來講，應用怎樣的組織來管理它？依照前面的系統表，我們把一個印刷廠分了六科：（一）事務科下分（甲）總務股，（乙）承印股；（二）排拼科下分（甲）揀改股，（乙）拼版股；（三）鑄澆科下分（甲）鑄製股，（乙）澆製股，（丙）刻字股；（四）印刷科下分（甲）輪轉機股，（乙）平版機股；（圓盤機，畫線機屬之）（五）裝訂科下分（甲）摺切股，（乙）裝製股；（六）製版科下分（甲）排製股，（

乙）攤版股，（丙）配托股。其各科股的工作，略述如下：

因爲並沒有認爲印刷廠已是一個獨立的機構，且認爲廠址也與報社設在一起，所以在廠中只簡單的設了一個事務科，下分總務承印二股，負責辦理廠中一切事務，並與經理部聯絡。其餘許多有關會計，及一般管理的事務都仍由經理部去負責。假使印刷廠改成獨立機構，那麼經理部所設總務科、會計科、及其下隸各股，都要在印刷廠中一一設立。卽廠址不與報社在一起（這樣極不方便，不應如此。）組織也須另有改變。至於目前事務科總務股所負責任爲：管理廠中膳食，衞生，考勤，計工，（詳見後）發薪，零星購置，以及材料管理，成品管理，工役指揮和一切不屬他股之事務。這一股不只是辦事務且須有人登記賬簿，製造表報，牠應似乎是經理部總務科，會計科，合派的廠中辦事支部，所以要與該二科時時有密切的接觸。承印股負責的是對外承印刊物之核算成本與估價，監督製印，管理收送校樣，以及發交製成印品，向經理部報告承印情況等事務。牠和經理部最有關係的一股是副業股，兩者必須密切聯絡。

排拼科揀改股負責排揀活字改正校樣。拼版股負責拼合排就活字，組成版形。

鑄澆科鑄製股，負責鑄製鉛字。澆製股，負責製紙型，澆版，澆邊，線，條，製花邊，修整鉛版。刻字股，負責刻製無銅模之特別形式的大小鉛坯字以及五行七行之木坯字。以上二科各股皆須分印報者與承印雜件者兩班，因印報之一班夜間工作，日間必須休息。

印刷科輪轉機股，負責管理輪轉機印刷報紙，熬製膠棍，保管整潔輪轉機各事，平版機股負責管理平版機印刷雜項承印刊物，熬製平版機膠棍，保管整潔平版機，以及管理圓盤機畫線機印製各物。前一股，例在夜間工作，後一股在日間工作，當然亦可各開日夜工。

裝訂科摺切股，負責摺疊切裁，爲裝訂之初步完成；裝製股負責裝訂 加封面封底；如製精裝書，燙金字等工作也歸該股。此科專爲承印雜件而設，例在日間工作。

製版科攝製股負責在室外攝製一切擬製版之圖片，完成製版之初步工作。著者並希望此股可配合外勤記者的工作，到戶外去拍攝新聞照片，養成攝影記者。爛版股則負責爛製銅鋅版。配托股則爲由熟練的木工代製各種銅鋅版的木托兼理社中其他需用木匠之工作。製版科工作也是在夜間才更適合編輯部的要求。他和編輯部，尤其是出版科藝術股關係密切，應多有聯絡。

印刷廠各科股的分工述說完畢，以下再就管理一個印刷廠應注意的問題分述如左。

在中國想使一個印刷廠工作效率極高，是一件極難的難題。創造一個新的印刷廠已不是易事，改造一個已有規模的印刷廠困難尤多，現在是從新建一個報社印刷廠來立論。

印刷廠本是一個易於凌亂易於汚穢的工廠，再加上中國人尤其是工人，沒有愛整潔守秩序的習慣，以致走進一個中國的印刷廠 所得到的印象只有凌亂汚穢。不要以爲凌亂汚穢與工作無關，中國印刷廠因凌亂汚穢而致的損失實在不小，但以管理不科學，這種損失，甚至管理者竟不知重。例如小工具，鉗子，手耗的遺失，時時發生，而鉛字之被盜竊更屬常事。不過鉛字遺失，因不易查覺，往往遺失了很多，管理者尚未查覺。再如工人有心或無心的將尚不應回爐重鑄的鉛字，倒入了爛字堆中，以致增加了電力、鑄爐、銅模、人工的消耗，都無形中加增了廠中的支出。是以爲了避免這種種損失，報社印刷廠廠長一定應下決心，將自己的工廠，辦成一個整潔有序的工廠。不只要工廠整潔，連工友的生活也要改爲整潔有序，須知道工友的因生活入軌而獲得的健康，可使工作效率增高，因病請假之類的事件減少，工廠已因而受到好處了。

不過這種理想也不只是不怕多用錢就可以達到的，以今日已染有壞習慣的工友來說，他們就不能過有秩序的生活，所以一個理想印刷廠的建立，一定要自最基本的「人」上着手。

印刷廠廠長應是一個受過科學管理洗禮，且熟習印刷廠工作的人，副廠長最好是學過機械工程的人，對各種印刷機有特殊研究更合理想。另外再選聘幾個青年有志上進，受過教育，在舊印刷工廠中受過訓練的工友，（排揀科一人，鑄澆科一人，印刷科一人或二人，裝訂科一人）任科長，其餘則招考高小畢業生，在報社開辦前，予以三個月的短期訓練，在開辦時，一定可以肩負的起來印刷工作。這種自會犯不熟練的毛病，但可以增加人力來克服，甯可暫不承印雜件，專印報紙。半年之後，一切入軌，印報人力自可抽減，而有餘力承印雜件了，在這基礎上樹立起來的工廠，一定容易管理，而且工作入軌。前半年的工作效率也許很低，事前的訓練也許要用不少的錢，但是半年之後，這工廠因組織健全而有的收獲，將可補償過去的一切損失，並奠下來長期安定的基石。

這樣的工廠，簡直可照一個工讀學校來辦，工廠生活學校化，一定的時間起床，即離開寢室，不到睡時，寢室不開門。此外爲工友設有飯廳，自修室，圖書館，俱樂部，運動場，每天由廠長副廠長領導過一種紀律的生活，每天二三小時的補習教育要給他們，甚至理髮沐浴都有一定的時日，集體舉行。人生活這樣有規律之後，工廠整潔自也可以辦到了。

工作時一定要穿上工廠的工作制服，小工具有固定的地位，不論何人，用畢一定要放回原處，否則予以處罰。工作完畢，要由科長監督，將一切整理就序，方許離廠。工場門外脫工作制服之前，須到設有洗手設備的室內洗手，洗手之後更衣方得出場。

工場內的秩序的保持方法，是什麼都有條理，某機由某人使用，某一二十四盤歸某某工友使用，都有規定，其整潔責任，也就歸使用人負担。每月對整潔有人考核，優獎劣懲。如果照這樣管理的印刷廠仍不能整潔有序，誰能相信！

當然要辦到這一切，報社要負担的工友福利費用須增加很多，不過這一個印刷廠的工作效率，比一切其他報社印刷廠高，這一個條件，已可使報社立於不敗之地位，這收穫已足抵銷這部份福利費的增加了。

但是工廠整潔有序，還只是使工作效率增高的條件之一，——是造成一個好的工作環境，使工友健康，工作順利。至要使每個人都肯盡力工作，還需要別的方法，——那就是按工計酬制度的實施了。

目前中國一般報社印刷廠的工友，都採月薪制度，這對工友是一種不很公允的制度。努力的工友與怠惰的工友，月終所得爲同樣的報酬，技術好的工友與技術劣的工友，月終所得也爲同樣的報酬，殊不合理。在這情形下，雖似吃虧的只是好工友，但事實上吃大虧的，却是報社。因爲好工友，一定會也不努力工作，好工友故意放低他的工作能力，報紙的出版時間，豈不要大受影響？爲了糾正這弊病，報社印刷廠，一定要採取鼓勵工友各盡所能，然後按勞計酬的按工計酬制度。

這制度是把工場中所有的工作，都訂出來工作標準與工價標準，例如揀改股每一個工友假定每日應揀字一千，並改清小樣，再還字一千上字架爲一日的工作單位。每日應按時上班，按時下班，即每日所應作之工作單位已足額，但時間未到，亦不能下班。每一工作單位假定規定工價拾元，每日作工超過其工作單位者，超過之部分，月底依比例加給工資。工作不足其應作之工作單位者，月底依照其所作之工作，依比例給予工資。工友逐月工作不能達到應達到之工作單位標準者，認爲工作能力低劣，將受調降或除名處分。如工友工作能力，可達「工作單位」之標準，但以報社工作太少，無工作可以予工作，致未能達到標準者，則認爲其工作已達標準，照付與應得之標準工價。其他各股工作也都照此各擬訂「工作單位」，與「標準工價」。

要實行這制度，自然需要訂立一套極詳盡的辦法，工作單位的計算法，要非常細密。仍以揀改股工作爲例，揀字須一千，揀新聞標題時，應如何計算？尚有橫題之標題，與普通直行標題所費時間相差甚多，應如何計算？加花邊新聞如何計算？皆須事前一一訂明，以免爭議，餘如拼報版拚若干爲一工作單位，拼書版拼若干爲一工作單位，鑄鉛字若干粒爲一單位，澆版若干塊爲一單位，刻字若干個爲一單位，印刷報紙若干份爲一單位，印書版若干令紙爲一單位，裝訂，切，摺，裝各若干爲一單位，完全須分別訂明。即工友請假應如何計工，亦應訂明。例如病假，照該工友上月工作成績，予以每日之平均工資；事假，每月一天，可予平均工資；超過者，不予工資。每月全不請假者，加給工資一日之類。

實行這制度時每一個工友，應有一張計工表，印刷廠事務科總務股應派有專人在工場中辦理這種「計工」工作，例如揀改股工友應憑所揀改之小樣爲憑證，拼版工友以版樣爲憑證，鑄字刻字以字粒，或揀改股閱與的補字單，澆版以版樣，印刷以製成品數量，爲憑證。每日工友以憑證交與「計工」職員，然後由該職員在其計工表上塡明「工作單位」及超過不足之數，至月底卽憑計工表，與計工職員之報告表，核付工資。計工職員應逐日將計工報告表及憑證，交廠長閱後，轉送總管理處。

在實行這種計工制度時，科長股長的薪金應如何計算呢？可規定以所屬各股員之平均薪額爲標準，增加百分之廿。例如該股某月最高工資爲四百元，最低爲三百五十元，平均爲三百八十元，則股長所得爲四百五十六元。科長則以各股長之平均薪額再加百分之二十或三十，這一辦法，可使各科股長普遍注意所屬工友工作的進度。在這計工辦法下，工友必可各展所能，使工作效率，發展到最高。

印刷廠依照上述的方法來組織管理，以目前來講，在中國報社中，可能成爲第一個合理的印刷廠。

印刷廠也必須實行工作日記制度，各科股要記出來各科股每日的工作情形，以備參考，同時每週也要開一次廠務會議，股長以上一律出席，共同研究改進廠務的辦法。此外每月還要開一次全廠會議召工友一律參加，使工友有向廠當局申述所見的機會。

管理印刷廠還有一點需要注意的，就是在技術上倡導注重科學精神。副廠長應切實負起來這一責任。過去印刷廠許多工作皆憑經驗。例如鑄字，鉛錦錫混合的成分，皆不採稱其重量，依比例鎔合的辦法；而只憑工友的經驗，將三種金屬混合物敲斷，試其硬度作爲決斷。如此鑄成之字，如何能使其硬度一致？又澆版所用之混合金成分，自不能與鑄字者完全相同，但其最合理之比例爲何？也無標準。又一架印機應如何保護可以延年，用何種油液洗刷，最爲省費而清潔，這是因各地氣候與出產之不同而需變易的，也莫不憑科學的知識決定。再如油墨紙張等何者爲好，何者爲壞，也不是憑科學知識來判別。一切只是經驗，經驗，知其然而不知其所以然，這毛病非澈底糾正不可。所以副廠長應隨時以科學的方法指導同人，爲了養成後起的幹部，工友的補習教育中一般的理化知識也應列爲主要課目！必須有這準備，一旦世界上工業先進國家，又有了進步的印刷機器發明，我們買了來，才能不費很大的訓練，便有工人可以使用牠，這是使自己印刷不落人後的主要基礎，也是今後辦印刷廠的人不可不有的遠慮。

第十八章　總管理處的組織和工作

在以上幾章中，我們曾屢次的談到了總管理處，有許多表報也指明了須送交總管理處，總管理處作些什麼工作，設這一機構主要用意何在？在本章內將一一說明。

報社的各部分事務之瑣複，讀過前面各章已應得到了一個概念，而一份報紙的成功，則要靠這極複繁的機構，能够完全配合得宜。爲求配合得宜，所以在報社的機構中，提出了一個社務會議，作爲計劃機關，另設一個總管理處，作爲社長執行監督調整職權的輔助機構。著者的希望是社務會議成爲社長的「議會」，總管理處則是幫他作企劃，監核，調整工作的顧問處。

這組織是目前一般報社所沒有的，在第十四章中已曾一度指出，牠的工作，第十四章中大略也會提及，現爲使讀者進一步了解這機構的重要，再作一較詳的說明。

總管理處的組織，預定暫分三組，如有必要，可再添設。三組是（一）秘書組（二）人事組（三）考核組。

秘書組下分設三課，（一）總務課，負責對外交際，以及一切總管理處不屬其他各組之雜項事務；(二)文書課，負責擬稿繕寫全社對內對外函件以及其他文書工作；(三)收發課，負責辦理全社收文發文事項，以及檔案保管。

關於秘書組下之文書課收發課工作，必須作進一步的解說，著者以爲一個機關的文書收發，必須統一集中，而且必須一一經過最高負責人過目，因爲只有如此，最高負責人，才能了然全社事務之進行。爲了這一原因，所以全報社的「收文」無論是什麽文書，都應送交社長或副社長親自拆閱。(大致多由副社長負責，因爲社長可能流動不定，副社長較能長日伏案辦公。)拆時除性質分明例應交何部辦理者，可以無須批明外；其性質不甚分明者，即可批明應交各部。對於一切事務須由社長作决定者，可立即在信上批明，應如何辦，如此辦事，必可比較迅速。社長將文件批閱後，即交收發課，登記收文簿，再轉送主辦之各部或廠。各主辦之部或廠收到來文後，决定應如何答復後，即擬一函稿於該部或廠之擬稿簿，送秘書組文書課繕寫，同時將來函送回收發課歸檔。文書課將函繕就，經秘書組長校核原擬稿簿無訛後，再送社長副社長簽名或蓋章。社長副社長簽名或蓋章後，再交回秘書組收發課留底，登記發文簿，然後送出。有了這一管理，報社對外寫信與外間對本社的信件，遂可統一集中，而在需要舊信參考時，也可經收發課一索而得，對於社務的進行，自有極大的裨益。(關於文書管理法，請參看著者所作之「青年與事業經營」一書，其中有更詳盡之說明。關於一般管理技術，該書亦多有詳盡介紹。凡該書曾述及者，本書即全從略，以省篇幅。）

人事組負責研究考核全社人事問題，以為社長作人事獎懲，調動，升遷決定時之參考。舉凡第十四章中所述之「全社工作人員獎懲條例」之實施皆由該組負責。例如全社人員之每日簽到簽退簿，即由該組負責依時收回送交社長；新工作人員入社之考選、登記，取保諸手續；舊職員之每年繼續對保手續；一般職員之病假、事假、記功、記過、登記皆由該組負責。這一組，要有很全的人事卡片。全社職員的一切，在該組一查即可了然。他可以說是一個報社的銓敘機構，同時對於經理部總務科人事管理股，印刷廠事務科總務股，又是一個輔助及監察機構。年例的加薪晉級，（薪級制度之建立，為工作人員獎懲條例中之一部，自亦為該組之工作）臨時的人員升遷降調，除由各部或廠負責人建議外，該組亦須提具意見供社長參考。此組之下應否分課，可視事務繁簡而定。

考核組下分三課（一）報紙考核課；（二）業務考核課；（三）印務考核課。

報紙考核課所負責任為（一）調集原稿、校樣、大樣，校讀印出之報紙，分析每日報紙中之錯落字，係由於編者之筆誤，校對未校出，抑或由於工友未照改正，以便決定懲罰何部何人。（校對工作應有獎懲規章，印刷工作亦應有獎懲規章，由人事組擬定執行。）（二）以本報之新聞，比較他報之新聞，看彼此之間是否有遺漏或較多之情形。（三）以本報之言論比較他報之言論，看他報有無較本報優長之點。（四）以本報所收之電訊，與他報所收之電訊比較，看原文及翻譯工作中彼此有何優劣。每此種種應於當日提出報告，供社長參考。

業務考核課應根據經理部各科股送交之業務逐日報告表一一予以研究向社長報告，如發行廣告副業情形，進步抑退步，原因如何？應如何改進。遇有本訂外訂停閱之報告，應以印就的停閱徵詢書即日寄出，並附回信郵票請讀者見告，因何原因停閱，如不滿本報言論態度，編輯方法，發行情形，印刷情形，或報價太貴以及其他原因；措辭務求懇摯，使讀者不能不予答覆，由此而獲得之答覆，可作為改進社務之參考。外埠如有停止亦應去函詢問原因，並同時進行在該地計劃另覓他人代銷。對會計科之一切報告應予覆核並研究其工作有何缺點，對總務科之報告，應考慮其人事處理購置保管有何不到之處。

印務考核課，應考核印刷廠之每日計工報告，以及一切製成品之缺點，並查明何由而致，並根據其各科股之報告，研究其工作進行中有何不周到之處，擬具意見提交社長。如本日報某處印刷模糊，其原因為何，又油墨太濃太淡，其故安在，以及工作過程及相互銜接之時間不正確，或拖延太久，係某人之過失，皆為不能放過之問題。

以上三課除代社長作各種研究之外，尚應代社長分閱全社各部廠科股工作同人的工作日記，有何問題有何缺點，應指示某科股者，可為擬意見寫入另紙，夾在日記中，供社長斟酌採用，作爲批示，寫入日記通知各科股。如各科股之工作日記中，提有問題應由社長解答者亦可代擬幾種解答意見，寫於另紙，夾入日記，供社長採用。

總之總管理處下各組課之設置，係爲求社長處理社務，事前有人代做更經過一次精密之考慮。一爲審愼，一爲節省其精力，俾能多爲更大問題之籌劃，有此規模之報社，以中國目前之標準來看，雖不能說一定是國內第一家報社，但成爲國內第一流報社，固毫無疑問也！

結語

寫完了上面的十八章文字，重讀了一次，自覺其中不够充實的地方非常之多，如果能有更多的時間，能有更適合寫作的環境，這本書應當再經過一次整體的修正補充，或可比較接近著者最初擬寫本書時的理想。但是在目前，這願望却沒有可能達到。第一在桂林想找一本西文新聞學參考書都找不到，什麼時間可以找得到，也沒有把握。第二，著者個人的環境，也不容許再用更多的時間來修正這本書。而鑒於中國新聞事業，在最近的將來，可能有較大的開展；若干年來新聞學新書籍出版的異常的貧乏，覺得這本書即以這樣的形式在現在印出，也許對未來的中國新聞事業和想從事新聞事業的青年，還是有裨益的事，遂下了付印的決心。

這本書，名之爲新聞學，顯然有兩種缺點：

（一）它過於注意實踐，因而過於注意站在「今日」，「中國」這一「時」與「空」的現狀上立論，以致不成爲理論書，而類似了「中國新聞事業改革計劃」。

（二）這本書的技術部分：不論「報紙製作技術」，還是「報業管理技術」，都基於極龐大的組織立論。對於小規模的新聞事業，如組織極小的鉛印、石印、謄寫版油印的地方報，軍隊中的陣中日報，和在學校工廠鄉鎮辦的壁報等，沒有什麼討論。

對於這兩個缺點，著者並不是沒注意到，所以仍然未予補救，是因爲著者另有他的看法，現在也把牠寫出來，供讀者參考。因爲這種看法，對讀者研究中國新聞事業也許有所幫助。

（一）注重實踐，是因著者以爲理論本是爲了實踐；何況新聞學又是一種主要爲實踐而建立的科學。尤其瞻望中國的未來環境，戰後如果實行憲政，沒有新聞事業人才來支持憲政的基礎——言論自由，那將使中國的民主，又要多浪費若干歲月，才能穩固。戰後說起來似乎時日還長，可是從培植人才來看，却似乎已極短迫，不容我們不性急，不想求速效。此書決無想成「聖典」之野心，而只求有裨實際，就是基於這一看法。本也曾想不叫他穿這件「學」的華美外衣，就乾脆名之曰：「中國新聞事業改革計劃」。但以其中有許多涉及理論的部分，爲過去中國一般名爲「新聞學」的書籍，所未曾觸及者。雖云此書寫的未能滿意，但所走的道路却自信是科學的，研究新聞學只有依着這一條正路走，才能把握牠的眞義，才能正確的運用新聞事業，使牠在人類中發生良好的作用。爲此，最後遂決定仍叫牠肩負了「新聞學」的名義出現。「蜀中無大將，廖化作先鋒」，非屬化胆敢僭妄，實因環境逼之使然，希望讀者能够諒其苦衷！

（二）技術部分之所以以龐大組織爲立論根據，未注意小規模的鉛，石，油印報紙以及手寫壁報。是基於以下的三項原因：（甲）小規模的鉛，石，油印報紙，手寫壁報，抗戰中雖發揮了極大的效用。但我們應當記得，那是戰時的物質環境，使牠們獲得了發展的機會，一旦環境改變，牠們的發展可能性也要改變。戰後交通比戰前自然更爲便利；戰後的物資，不會再像抗戰中這樣艱難；這些條件，都便利了全國性報紙的恢復，戰後政治的進步，更將使較有規模的新聞事業在各地獲得發展機會。照著者推測，除非極邊遠的地方，石印油印報恐難再有像抗戰中那樣的影響，這是人與物的條件改變的必然結果。青年將再向城市集中，他們不願仍留在僻鄉。那時在能辦石印油印報的僻鄉，誰來負責「辦」那類報？城市，因爲交通便利，——即以縣城講吧，也將成爲鄰近大城市報紙的市場，在當地辦小規模鉛印報尚有可能，物質基礎再劣的報，恐怕已難於存在。（只有壁報在社團學校工廠中尚有發展的可能，但其影響不會太大。）這是使我不想多用篇幅研究製作那些報紙的第一個原因。（乙）在戰後尚有石印油印報存在可能的僻鄉辦報，比今日更要遭遇到文字問題的困難。戰後無疑的中國又將有一次民衆的大流徙，現在西南西北許多僻鄉，都有客籍的人擠進去住居，這些人能流徙，就必然有些知識，今日的僻鄉中的漢字報紙要求，實是這些流民的要求，一旦他們又都流徙回家鄉，返都市，再辦石印油印報，而不以拼音文字爲報道工具，怕讀者會很有限。要辦拼音文字報，這又不是想靠營業維持報紙的人所能辦的了，因爲拼音文字報一定要有普及教育的工作來配合輔助。（詳見本書第十章）而且這種工作，也需實上是教育意義大於新聞報道的意義。戰後，在中國的軍隊中，在文盲衆多的鄉村，政府應當一面展開拼音文字教育，一面輔以拼音文字報紙的發行。實行這計劃之前，政府應訓練一大批師範生，中學生，叫他們去作展開拼音文字掃滅文盲的運動。訓練時，卽授以用「無線電收音機」收聽廣播，用謄寫版印油印報紙，及簡單的編報技術。然後分發他們到軍隊中，鄉村中去，再由教育當局在首都網羅一批新聞技術專門人才，每日精編一份以拼音文字寫成的通俗小報，用無線電廣播，使在軍隊中鄉村中受過訓練的師範生中學生收聽、油印、發行。這才是油印報在戰後最好的利用方法；也是最省人力物力的，辦全國性教育大衆報紙的辦法。當然這種報紙應超然於政爭之外，使牠成爲純教育性的工具，成爲政府教育工作之一部。這種報，普通民衆自不能替政府越俎代庖。這些認識是使我不想多用篇幅研究製作那些小規模報紙的第二個原因。(丙)雖然戰後，不計成敗，不顧環境，仍辦石印報，油印報，手寫壁報的青年，一定還不會少，我也很重視那種工作；因爲有人肯在新聞事業上多滴一滴汗，便會有一滴汗的收穫，卽或其工作毫無收穫，這些靑年也可以因無收穫之鍛鍊，而成爲新聞戰場中的有用戰士——也已是很重要的收穫。不過，我以爲戰後，中國新聞事業能有了展開的環境，一定也就需要大批靑年來參加。爲了中國的前途，我們又需要新興的新聞事業，都是有利中國的，至少也希望不是不利中國的報紙，佔壓倒的多數！怎樣可以達到這一目的？只有希望有志新聞事業的好靑年能受到進步的指導，然後適應看需要變爲各新興新聞事業的幹部，這些幹部可以爲中國爭取新聞事業趨向有利之途，本書卽爲想指導那些好青年而作。戰後新興新聞事業不會是小規模的，於是本書遂置重心於大規模的新聞事業而立論。同時又以爲舉大規模的例子，對小規模事業，亦有參考價值；但舉小規模的例子，想擴大應用，却不會適合。這就是所以以大規模新聞事業爲例而未多研究製作油印報等的第三個原因。

不過這些解說決不是想爲本書辯護，說它已至善至美；而是想爲青年指出，今後想投身新聞事業，已應以規模較大者爲對象；並且希望他們把握到正確新聞學的理論之後，卽努力去實踐。至於本書，前面已經說過，它是在新聞學書籍極貧乏的中國中，爲了應急而趕寫的急就章，缺欠極多，只以「聊勝於無」這一念的鼓勵，才敢把牠呈獻給讀者。著者不只無希望本書「不朽」之意，並絕對希望牠「速朽」。到了本書不值一顧之時，可以證明，彼時的中國報紙，比現在已有了長足的進步，本書中提供的應興應革諸點，必已悉成常談陳跡。作爲中國新聞事業從業員之一來看，在中國有了那樣進步的報紙，比自已有一本書不朽，要可喜的多了。

企盼那日子的迅速到來！

一九四三年中秋

图书在版编目（CIP）数据

科学的新闻学概论 / 萨空了著. —北京：中国传媒大学出版社，2018.3
（中国近代新闻学名著系列丛书 / 芮必峰主编）
ISBN 978-7-5657-2299-8

Ⅰ. ①科… Ⅱ. ①萨… Ⅲ. ①新闻学—概论 Ⅳ. ① G210

中国版本图书馆 CIP 数据核字（2018）第 054265 号

中国近代新闻学名著系列丛书
芮必峰　主编
科学的新闻学概论
KEXUE DE XINWENXUE GAILUN

著　　者　萨空了
策划编辑　司马兰　姜颖昳
责任编辑　姜颖昳
封面设计　拓美设计
责任印制　曹　辉

出版发行　中国传媒大学出版社
社　　址　北京市朝阳区定福庄东街 1 号　　邮编：100024
电　　话　86-10-65450532 或 65450528　　传真：010-65779405
网　　址　http://www.cucp.com.cn
经　　销　全国新华书店

印　　刷　北京华联印刷有限公司
开　　本　787mm × 1092mm　　1/16
印　　张　14.5
字　　数　110 千字
版　　次　2018 年 6 月第 1 版　　2018 年 6 月第 1 次印刷

书　　号　ISBN 978-7-5657-2299-8/G · 2299　　定　　价　78.00 元